海上絲綢之路基本文獻叢書

蘭領東印度史

沈鐵崖 編

文物出版社

圖書在版編目（CIP）數據

蘭領東印度史 / 沈鐵崖編. -- 北京 : 文物出版社，2022.7
（海上絲綢之路基本文獻叢書）
ISBN 978-7-5010-7618-5

Ⅰ. ①蘭… Ⅱ. ①沈… Ⅲ. ①荷蘭－殖民統治－印度尼西亞 Ⅳ. ①K342.41

中國版本圖書館 CIP 數據核字（2022）第 086672 號

海上絲綢之路基本文獻叢書
蘭領東印度史

編　　者：沈鐵崖
策　　劃：盛世博閱（北京）文化有限責任公司

封面設計：鞏榮彪
責任編輯：劉永海
責任印製：王　芳

出版發行：文物出版社
社　　址：北京市東城區東直門内北小街 2 號樓
郵　　編：100007
網　　址：http://www.wenwu.com
經　　銷：新華書店
印　　刷：北京旺都印務有限公司
開　　本：787mm×1092mm　1/16
印　　張：19.25
版　　次：2022 年 7 月第 1 版
印　　次：2022 年 7 月第 1 次印刷
書　　號：ISBN 978-7-5010-7618-5
定　　價：98.00 圓

總緒

海上絲綢之路，一般意義上是指從秦漢至鴉片戰争前中國與世界進行政治、經濟、文化交流的海上通道，主要分爲經由黄海、東海的海路最終抵達日本列島及朝鮮半島的東海航綫和以徐聞、合浦、廣州、泉州爲起點通往東南亞及印度洋地區的南海航綫。

在中國古代文獻中，最早、最詳細記載『海上絲綢之路』航綫的是東漢班固的《漢書·地理志》，詳細記載了西漢黄門譯長率領應募者入海『齎黄金雜繒而往』之事，書中所出現的地理記載與東南亞地區相關，并與實際的地理狀況基本相符。

東漢後，中國進入魏晉南北朝長達三百多年的分裂割據時期，絲路上的交往也走向低谷。這一時期的絲路交往，以法顯的西行最爲著名。法顯作爲從陸路西行到印度，再由海路回國的第一人，根據親身經歷所寫的《佛國記》（又稱《法顯傳》）一書，詳細介紹了古代中亞和印度、巴基斯坦、斯里蘭卡等地的歷史及風土人情，是瞭解和研究海陸絲綢之路的珍貴歷史資料。

隨着隋唐的統一，中國經濟重心的南移，中國與西方交通以海路爲主，海上絲綢之路進入大發展時期。廣州成爲唐朝最大的海外貿易中心，朝廷設立市舶司，專門管理海外貿易。唐代著名的地理學家賈耽（七三〇～八〇五年）的《皇華四達記》記載了從廣州通往阿拉伯地區的海上交通『廣州通夷道』，詳述了從廣州港出發，經越南、馬來半島、蘇門答臘半島至印度、錫蘭，直至波斯灣沿岸各國的航綫及沿途地區的方位、名稱、島礁、山川、民俗等。譯經大師義净西行求法，將沿途見聞寫成著作《大唐西域求法高僧傳》，詳細記載了海上絲綢之路的發展變化，是我們瞭解絲綢之路不可多得的第一手資料。

宋代的造船技術和航海技術顯著提高，指南針廣泛應用於航海，中國商船的遠航能力大大提升。北宋徐兢的《宣和奉使高麗圖經》詳細記述了船舶製造、海洋地理和往來航綫，是研究宋代海外交通史、中朝友好關係史、中朝經濟文化交流史的重要文獻。南宋趙汝適《諸蕃志》記載，南海有五十三個國家和地區與南宋通商貿易，形成了通往日本、高麗、東南亞、印度、波斯、阿拉伯等地的『海上絲綢之路』。宋代爲了加强商貿往來，於北宋神宗元豐三年（一〇八〇年）頒佈了中國歷史上第一部海洋貿易管理條例《廣州市舶條法》，并稱爲宋代貿易管理的制度範本。

元朝在經濟上採用重商主義政策，鼓勵海外貿易，中國與歐洲的聯繫與交往非常頻繁，其中馬可·波羅、伊本·白圖泰等歐洲旅行家來到中國，留下了大量的旅行記，記録元代海上絲綢之路的盛况。元代的汪大淵兩次出海，撰寫出《島夷志略》一書，記録了二百多個國名和地名，其中不少首次見於中國著録，涉及的地理範圍東至菲律賓群島，西至非洲。這些都反映了元朝時中西經濟文化交流的豐富内容。

明、清政府先後多次實施海禁政策，海上絲綢之路的貿易逐漸衰落。但是從明永樂三年至明宣德八年的二十八年裏，鄭和率船隊七下西洋，先後到達的國家多達三十多個，在進行經貿交流的同時，也極大地促進了中外文化的交流，這些都詳見於《西洋蕃國志》《星槎勝覽》《瀛涯勝覽》等典籍中。

關於海上絲綢之路的文獻記述，除上述官員、學者、求法或傳教高僧以及旅行者的著作外，自《漢書》之後，歷代正史大都列有《地理志》《四夷傳》《西域傳》《外國傳》《蠻夷傳》《屬國傳》等篇章，加上唐宋以來衆多的典制類文獻、地方史志文獻，集中反映了歷代王朝對於周邊部族、政權以及西方世界的認識，都是關於海上絲綢之路的原始史料性文獻。

海上絲綢之路概念的形成，經歷了一個演變的過程。十九世紀七十年代德國地理學家費迪南・馮・李希霍芬（Ferdinad Von Richthofen，一八三三～一九〇五），在其《中國：親身旅行和研究成果》第三卷中首次把輸出中國絲綢的東西陸路稱爲『絲綢之路』。有『歐洲漢學泰斗』之稱的法國漢學家沙畹（Édouard Chavannes，一八六五～一九一八），在其一九〇三年著作的《西突厥史料》中提出『絲路有海陸兩道』，蘊涵了海上絲綢之路最初提法。迄今發現最早正式提出『海上絲綢之路』一詞的是日本考古學家三杉隆敏，他在一九六七年出版《中國瓷器之旅：探索海上的絲綢之路》中首次使用『海上絲綢之路』一詞；一九七九年三杉隆敏又出版了《海上絲綢之路》一書，其立意和出發點局限在東西方之間的陶瓷貿易與交流史。

二十世紀八十年代以來，在海外交通史研究中，『海上絲綢之路』一詞逐漸成爲中外學術界廣泛接受的概念。根據姚楠等人研究，饒宗頤先生是華人中最早提出『海上絲綢之路』的人，他的《海道之絲路與昆侖舶》正式提出『海上絲路』的稱謂。選堂先生評價海上絲綢之路是外交、貿易和文化交流作用的通道。此後，大陸學者馮蔚然在一九七八年編寫的《航運史話》中，使用『海上絲綢之路』一詞，這是迄今學界查到的中國大陸最早使用『海上絲綢之路』的人，更多地限於航海活動領域的考察。一九八〇年北京大學陳炎教授提出『海上絲綢之路』研究，并於一九八一年發表《略論海上絲綢之路》一文。他對海上絲綢之路的理解超越以往，且帶有濃厚的愛國主義思想。陳炎教授之後，從事研究海上絲綢之路的學者越來越多，尤其沿海港口城市向聯合國申請海上絲綢之路非物質文化遺産活動，將海上絲綢之路研究推向新高潮。另外，國家把建設『絲綢之路經濟帶』和『二十一世紀海上絲綢之路』作爲對外發展方針，將這一學術課題提升爲國家願景的高度，使海上絲綢之路形成超越學術進入政經層面的熱潮。

與海上絲綢之路學的萬千氣象相對應，海上絲綢之路文獻的整理工作仍顯滯後，遠遠跟不上突飛猛進的研究進展。二〇一八年厦門大學、中山大學等單位聯合發起『海上絲綢之路文獻集成』專案，尚在醞釀當中。我們不揣淺陋，深入調查，廣泛搜集，將有關海上絲綢之路的原始史料文獻和研究文獻，分爲風俗物産、雜史筆記、海防海事、典章檔案等六個類别，彙編成《海上絲綢之路歷史文化叢書》，於二〇二〇年影印出版。此輯面市以來，深受各大圖書館及相關研究者好評。爲讓更多的讀者親近古籍文獻，我們遴選出前編中的菁華，彙編成《海上絲綢之路基本文獻叢書》，以單行本影印出版，以饗讀者，以期爲讀者展現出一幅幅中外經濟文化交流的精美畫卷，爲海上絲綢之路的研究提供歷史借鑒，爲『二十一世紀海上絲綢之路』倡議構想的實踐做好歷史的詮釋和注脚，從而達到『以史爲鑒』『古爲今用』的目的。

凡例

一、本編注重史料的珍稀性，從《海上絲綢之路歷史文化叢書》中遴選出菁華，擬出版百册單行本。

二、本編所選之文獻，其編纂的年代下限至一九四九年。

三、本編排序無嚴格定式，所選之文獻篇幅以二百餘頁爲宜，以便讀者閲讀使用。

四、本編所選文獻，每種前皆注明版本、著者。

五、本編文獻皆爲影印，原始文本掃描之後經過修復處理，仍存原式，少數文獻由於原始底本欠佳，略有模糊之處，不影響閱讀使用。

六、本編原始底本非一時一地之出版物，原書裝幀、開本多有不同，本書彙編之後，統一爲十六開右翻本。

目録

蘭領東印度史

蘭領東印度史

沈鐵崖 編

民國十三年上海商務印書館鉛印本

蘭領東印度史

韓希琦署

Geschiedenis van Nederlandsch Oost Indië

door P. G. Siem

Z. E. Mr. D. Fock.

現任東印度總督福克氏

前漢務司麥甯氏序文

Het hier den Chineeschen lezer aangeboden boek is door den schrijver, den heer Shen Thieh-Yai, samengesteld aan de hand van het bekende, onderleiding van den heer Colijn, uitgegeven werk over Ned. Indie en van enkele andere Hollandsche en Japansche geschriften.

Wie weet hoe weinig er tot nog toe in het Chineesch over onze bezittingen in het Oosten geschreven ismet uitzondering van hetgeen opgediept kan worden uit de historie-schrijvers van de Ming dynastie, zoo goed als nits zal ongetwijfeld de verschijning van dit werk toejuichen.

Zij het dan ook in een ietwat te beknopten vorm, en met vermelding, naar onze meening van de veel namen van personen en plaatsen, heeft de schrijver toch op vlotte wijze den ontwikkelings gang van ons koloniaal bestuur geschetst.

Vooral voor de Chineezen in Luid China, die al sinds eeuwen met Ned-Indie in nauwe verbinding staan, alsmede voor de Chineezen hier te lande, bevat het boek tal van interessante mededeelingen.

We meenen dan ook den schrijven de lof niet te kunnen onthouden van een nuttigen en verdienstelijken arbied te hebben verricht, en hopen, dat hem spoedig de gelegenheid gegeven moge worden om in een nieuwen druk de fouten, welke het werk in z'n eerste gedaante alsnog aankleven, te kunnen wegnemen en verbeteren.

Semarang 3 Nov. 1924.

(W. G.) A. G. DE BRUIN,

Oud-ambtenaar voor Chineesche Zaken.

前漢務司麥甯氏序文

Het hier den Chineeschen lezer aangeboden boek is door den schrijver, den heer Shen Thieh-Yai, samengesteld aan de hand van het bekende, onderleiding van den heer Colijn, uitgegeven werk over Ned. Indie en van enkele andere Hollandsche en Japansche geschriften.

Wie weet hoe weinig er tot nog toe in het Chineesch over onze bezittingen in het Oosten geschreven ismet uitzondering van hetgeen opgediept kan worden uit de historie-schrijvers van de Ming dynastie, zoo goed als nits zal ongetwijfeld de verschijning van dit werk toejuichen.

Zij het dan ook in een ietwat te beknopten vorm, en met vermelding, naar onze meening van de veel namen van personen en plaatsen, heeft de schrijver toch op vlotte wijze den ontwikkelings gang van ons koloniaal bestuur geschetst.

Vooral voor de Chineezen in Luid China, die al sinds eeuwen met Ned-Indie in nauwe verbinding staan, alsmede voor de Chineezen hier te lande, bevat het boek tal van interessante mededeelingen.

We meenen dan ook den schrijven de lof niet te kunnen onthouden van een nuttigen en verdienstelijken arbied te hebben verricht, en hopen, dat hem spoedig de gelegenheid gegeven moge worden om in een nieuwen druk de fouten, welke het werk in z'n eerste gedaante alsnog aankleven, te kunnen wegnemen en verbeteren.

Semarang 3 Nov. 1924.

(W. G.) A. G. DE BRUIN,

Oud-ambtenaar voor Chineesche Zaken.

Palace of the Governor General
東印度總督邸在茂物

蘭領東印度史序

予抱編輯南洋叢書之志願久矣。顧以公私鞅掌。迄今未能。然三四年來。每見斯類著述。未嘗不爲教育學術界深致其感謝。前者友人朱鐸民君編南洋羣島英領之部。其出版也。予參與之。同學弟子司徒贊君編荷屬地理。其印刷也。予親校之。友人稽翥青君編中國與暹羅。其發行也。予亦嘗樂爲之序。惜以我國學界當此國民精神銷沈之中。亦怠其高瞻遠矚旁搜博採之努力。致前述數書。著者煞費辛勞。且內容詳實。足濟教育學術界之窮。而流傳終不甚廣。斯亦可慨之一端也。今者沈鐵崖君又貢其鉅著蘭領東印度史一書於教育學術界矣。覽其全書序目與內容一斑。博大精詳。趣味濃厚。可謂前所未有。以益友韓希琦君之介。囑序於予。夫蘭領東印度史爲治南洋史治殖民史者最有研究價值最關重要之書。而沈君繼續韓君志願服務南洋。成爲至友。韓君固予平生交友中至敬愛之一人也。則睹此書之行將出世。焉能自禁其誠篤之感謝。草一言以祝其風行海內哉。

中華民國十三年十一月八日　寶山趙正平草於兵災時期中之暨南學校

蘭領東印度史　序

二

序

十八世紀汎愛派唱導歷史直觀主義以歷史非過去事實之死學術而為人間實生活之活知識故歷史家研究之出發點均抱着於當前活動的地盤上雖然接觸實生活以求進化之途徑者目的也探索古書遺物以證現生活之因果者手段也今試執國人之游南島叩以此異國風殊習之民族間進化的秩序將瞠目無以答或語而不詳是何異入五都而無詳觀乎蓋不能得適當之手段目的亦不能成立矣然欲求一實錄足資直觀的研究之考鏡者卒不可得非無紀錄也以教牙咭嗻不可卒讀也即勉為譯述又以殖民地史書之記載常隨編者之地位而有所出入非舖張則忌諱且遺民故老之傳聞人往往流於神誕因思南洋羣島以蘭領之範圍最大殖民事蹟以蘭印之收功最奇中國人之足跡最多因之歷史的關係亦最深切謂中文雖當之史的紀錄非重要之出版物乎。余久欲集合同志組織編譯社從事於此類之記述事未果而吾友鐵崖君已以詳譯著之東印度史見示全書分四編以民族間進化程序為中心文雖參譯外籍而事蹟不至失真體雖依照編年而因果無實分割展讀一過欣喜過望可信此後國民人之欲研究自然民之生活過程殖民政策之成功步驟為當前民族的舞台直觀之印證者已有所取資也夫荷蘭之殖民政策常在於寬嚴之間數百年來對付之法均適合於人類活動自然的與進化的二大支配律即在世界殖民史中亦深足資人以吟味吾友芬以亟欲以此公諸國人而當亦國人之稍有世界歷史的觀念者之所亟欲一觀也

甲子秋　石浣嶠序於爪哇旅次

序

沈君鐵崖績學士也任三寶壠中華總商會坐辦有年究心蘭領東印度始終開拓情形及殖民政府種種政制之沿革殖產事業之改進鉤稽致詳不遺餘力卒乃以見聞所及與異國文字記載可供迻譯之所有著本纂就蘭領東印度史一書脫稿後索序於余余受而讀之竟色然喜曰善哉善哉是固余所有志焉而未之逮者蓋余曩客息邦僑居近十年嘗慨諗諸同志以我神明華胄櫛炎風沐沸雨凡數百年於茲人數達六十萬以上所共此蘭領東印度地方之關係至深且切宜非他異國人可比乃時欲有所考証輒不能不於他異國之書肆中求借助恥甚然忽忽日久未能有所論述返國後益弗措意今得沈君書可無餘憾矣則擊節嘆賞久之意謂是書出其有裨於吾國人究心蘭領東印度始終開拓情形及殖民政府種種政制之沿革殖產事業之改進厥功當非淺尠然苟非沈君之勤劬力學則廢時失事如余輩亦惟有徒託空言而已又安見有此裒然成帙餉吾國人之一日耶嗚呼尚已

詔安韓希琦序於滬上

中華民國廿三年十月

自序

荷蘭之領有東印度也於茲已歷三百餘年為各國殖民地中之先達者當十六世紀下半期葡萄牙人掌握海上權其勢力範圍於南歐洲沿非洲西海岸而伸入南亞細亞之內外印度一帶稱為東方霸王荷蘭人以少數人操險之行卒以推翻葡萄牙人勢力而奪取東印度地盤吾人今日在百世下猶想見其當時力征經營之艱難

東印度公司最初目的通商而已其奪得東印度地盤亦不過視同公司之生利的廣大土地而已自設置總督後遂進而入於殖民主義東印度公司存在亘二百年殖民政策中始終不外利權獨占的制度入十九世紀殖民地主權移歸荷蘭政府乃再進而成為門戶開放自由貿易之正確的殖民政策綜觀三百年來一部殖民史可概括而兮之即營業主義一變而為殖民主義殖民國國家的殖民地一變而為殖民國國民的殖民地是也

東印度今日之繁榮著名於世界其中心地之爪哇島全面積不過十三萬平方基羅米突而有人口三千五百萬人農產物之輸出歲值十萬萬盾蓋其

歷代執政者皆能努力於開拓事業介紹世界有名之農產物而移植之世人謂爪哇為天惠之樂土實際皆蓋純出於人力之創造也吾人觀此不禁為之嘆服其歷代人才之繼出文治武功後先濟美其中之最要關鍵尤在十九世紀中葉荷蘭改正憲法後自由主義昌明開拓事業乃益見長足之進步今日之蘭領東印度史即一部之殖民進化史也於茲而得一種之感想焉以東印度蕞尔彈丸地因其政治之循正軌順潮流而發達至不可限量世人稱為模範殖民地然則其他之廣大古國賦有廣土眾民數十百倍於東印度者殆終不能以合理的政治促進發達視之能毋自愧耶

詔安鐵崖沈　鈞自序

民國十三年九月三寶壟總商會辦公處

著者沈鐵崖

◉蘭領東印度史出版招登廣告辦法

本書特增拓一部份頁數。專以招徠諸商家諸實業家。刊登廣告。爲一次永久的登載。極盡美術之觀。本書將來推銷及於東印度全境南洋羣島中國各大城市商埠。此廣告之效力自屬不少。茲特定招登廣告辦法各條如次。

一　甲種廣告佔紙幅全頁。位置於書中最明顯注目之處。廣告內附以各商家各實業家本人相片、及其公司、或事務所、或製造廠。及其貿易商品。或製造品。及商標等等之插圖。再加以歷史上之詳細說明。以期美備明瞭。每份收廣告費一百五十盾。如有特別增用篇幅者。價格另議。

二　乙種廣告佔紙幅全頁之半部份。仍位置於書中明顯注目之處。惟廣告內附加圖片。僅用其主任人物相片及其主要商標。加以簡括之說明。每份收廣告費六十盾。

三　丙種廣告佔紙幅全頁四分之一。位置無一定。且無附加插圖。敘事亦比較的簡單。每份收廣告費二十五盾。

四　丁種廣告佔紙幅全頁八分之一。與丙種相同。每份收廣告費十盾。

五　以上各種廣告費。於訂登時。先收百分之二十五。爲前定金。餘數候出版後送到書本時收淸。

六　凡登過甲乙丙等種廣告者。概贈送本書一部。不另取費。

蘭領東印度史編譯處沈懌舸啓

十三年七月一日

建源股份公司

爪哇三寶壟

HANDEL MAATSCHAPPY

KIAN GWAN

HEAD OFFICE: SEMARANG

各種營業及代理輪船

GENERAL MERCHANTS AND SHIPPING AGENTS

入口營業

米
硫磺
豆渣油渣
各種肥料
豆類
松膠等

EXPORTERS

Java Sugar to all Parts of the East and Europe, Copra, Kapok, Pepper, Coffee, Rubber, Tapoica, Flour. Kapok-seeds, Castor-seeds, Hides and Skins.

IMPORTERS

Rice, Sulphate of Ammonia, Superphosphate, Stick Sulphur, Beans, Beancakes, Oilcakes, Rosin, etc., etc., etc.

出口營業

爪哇沙糖
加薄
咖啡
生熟皮
加薄只
椰干
胡椒
橡皮
樹薯粉
惹叻只等

通電

Cable Address: **KIAN GWAN**

CODES USED: A.B.C. 5th edition, Lieber's code, al, the "STANDERT" shipping code by broomhall, Scott's, Watkins' tel. code 18th ed. & private codes.

(代理)
黃仲涵糖廠

Agents for:

OEI TIONG HAM'S SUGAR MILLS, TANGGOELANGIN, REDJOAGOENG, PONEN, KREBET AND PAKKIES TAPIOCA MILL, KREBET.

(分行)
倫敦 巴城 泗水 星洲

Branches at:

LONDON
BATAVIA
SOERABAYA
SINGAPORE

LLOYD'S COMBINATION

China loyd, India Lloyd and Java Lloyd

General Insurance Companies

Subscribed Capitals - - - F. 9,500,000.00

(Guilders: nine and a half million only)

HEAD OFFICE: SAMARANG (JAVA).

Branches: Rottudam, Batavia, Sourabaia and Bandoeng

中華保險公司
華僑保險公司
爪哇保險公司

◎本聯合公司共有資本九百五十萬盾爲南洋第一雄厚的保險公司
◎專保水火汽車郵件及其他等險
◎保費亦廉
◎總公司設在三寶壟
◎分公司荷蘭洛得淡埠
◎代理處
巴城泗水萬隆
星洲香港上海
英美德法等國
荷屬大小各埠

Agencies :

London, Hamburg, Paris, Brussel, everywhere in the Far East and Dutch East Indies.

Agent-Agent :

di hseliling Hindia Naduland dau lain-lain Negri.

Fire,

Marine,

Motor,

etc., etc.

Toitoep :

Assurantic Bahaja :

Api-Auto-Lasit-Kininan post dan lain-lain.

Kongsie-kongsie Assursntic jang paling koswat dengen premic Cersaingan.

N. V. Handel Maatschappij "THIO SINGLIONG"

SEMARANG (JAVA).

爪哇三寶壟張盛隆有限公司

營業出口貨入口貨

Importers. & Exporters

Cable Address LIONG BIE

電報掛號(隆美)

通用電簿

CODES USED:

A. B. C. 5TH & 6TH ED., BENTLEY'S, LIEBER'S, PRIVATE CODES.

馳名國貨

陳嘉庚公司

新嘉坡

橡膠製品之特色

摩托車輪　脚踏車輪　人力車輪

各種車輪內胎　各款粘鞋　運動鞋　運動靴　膠鞋　膠拖　雨衣　雨帽　雨傘　網球　膠球

及各樣玩具　各式花面白面膠席

膠帽　各種皮鞋

爪哇
壟川分行
八戈然街八十二號
電話六百七十八號

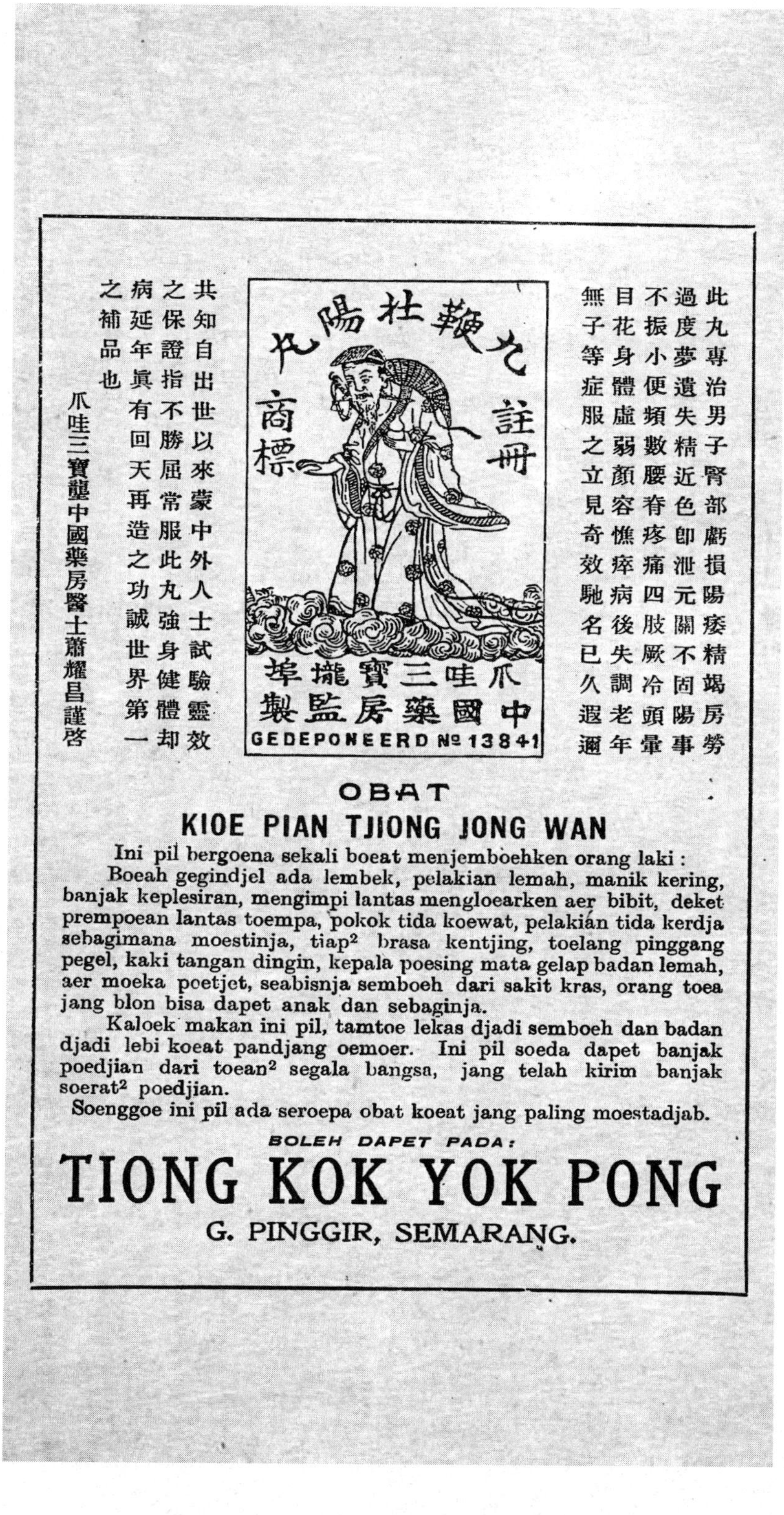
此丸專治男子腎部虧損陽痿精竭房勞過度夢遺失精近色卽泄元關不固陽事不振小便頻數腰脊疼痛四肢厥冷頭暈目花身體虛弱顏容憔瘁病後失調老年無子等症服之立見奇效馳名已久遐邇
九鞭杜陽丸
註冊
商標
爪哇三寶壠埠
中國藥房監製
GEDEPONEERD № 13841
共知自出世以來蒙中外人士試驗靈效之保證指不勝屈常服此丸強身健體却病延年眞有回天再造之功誠世界第一之補品也
爪哇三寶壠中國藥房醫士蕭耀昌謹啓
OBAT
KIOE PIAN TJIONG JONG WAN
Ini pil bergoena sekali boeat menjemboehken orang laki :
Boeah gegindjel ada lembek, pelakian lemah, manik kering, banjak keplesiran, mengimpi lantas mengloearken aer bibit, deket prempoean lantas toempa, pokok tida koewat, pelakian tida kerdja sebagimana moestinja, tiap² brasa kentjing, toelang pinggang pegel, kaki tangan dingin, kepala poesing mata gelap badan lemah, aer moeka poetjet, seabisnja semboeh dari sakit kras, orang toea jang blon bisa dapet anak dan sebaginja.
Kaloek makan ini pil, tamtoe lekas djadi semboeh dan badan djadi lebi koeat pandjang oemoer. Ini pil soeda dapet banjak poedjian dari toean² segala bangsa, jang telah kirim banjak soerat² poedjian.
Soenggoe ini pil ada seroepa obat koeat jang paling moestadjab.
BOLEH DAPET PADA:
TIONG KOK YOK PONG
G. PINGGIR, SEMARANG.

例言

一全書分爲四編無何項特別之意味不過依照年代先後爲著者順序分述之便

一人名地名所譯之華文字音悉照荷蘭文字音

一制度名官職名等照荷蘭文意義譯成華文意義惟恐譯詞有未當處故華文之下必插明荷蘭原文

一最後附加大事年表歷代總督名表以便閱者查對

一本書資料譯自下列各書

一舟木茂博士所著之日本文蘭領東印度史

二哥彝氏所著和蘭文之東印度地理人種歷史政治工業社會 H. Colijn: Neërlands Indië land, en volk geschiedenis, bestuur, bedrijf en samenleving

三維格士氏所著巫文之一七四〇年印度之華人 Bangsa Tiong Hoa di Hindia Olanda taon 1740 No. 1 oleh F. Wiggers

四蜜格曼氏所著巫文之爪哇歷史 Toedjoe Blas Tjerita dari Hikayal Lanah Tjawa oleh G. J. Y. Biegman

就中以舟木茂博士所著之日本文蘭領東印度史取材爲最多編者對之深表謝意

蘭領東印度史目錄

第四編　最近時代

蘭領東印度史

第一編　古代及東印度公司初期時代

第一章　古代之東印度

東印度羣島。在二千年前。史實多涉荒渺。其可考證者。僅當時此地天產之富。有印度人之渡來。乃最初異國人之首先入東印度者。東印度多原始民族。程度之低。類於石器時代之生活。其民族性好爲無秩序之爭鬥。今日尙有未開化之東方諸島。及其他人跡未到之蠻地。如食人島者。到處未脫其兇暴獰狰之形態。此原始民族。最初極多神秘的幼稚之信仰。彼等之心。謂爲神所棲投。富於驚異的感覺。在灼熱之太陽。皎皎之月光。與夫點點明滅無數星辰之前。必虔敬頷手。而赫灼之日。忽有黑雲遮蔽。暴雨狂風。雷霆轟發時。輒不勝戰慄。口誦魔術的咒文而祈禱之。彼等蓋卽亞尼靡森 Animisme 信徒。抱萬有神的信仰者。今日外領諸島。尙多此等遺風。

印度人在此羣島地域。交通頻繁。以爪哇爲中心。東印度社會。已有多少之秩序。當時印度人爲文明之先覺者。彼等與東印度地方交通後。此地域大受啟蒙的變化。恰如歐洲日耳曼民族。文化之發達。皆受昔日羅馬文明之賜。爪哇人凡宗教美術、農業、等各般之生活。皆印度人有以教之。爪哇二字之名稱。出自印度人之話片。吾人對此爪哇二字所由來。得有種種之說如左。

第一、基於聖書所傳說。創世紀時代。希臘移住民族之名稱。轉訛而來之說。

第二、東西交通開始時代。呼此地一帶民族爲 Jawi。即爪哇名稱所由來之說。

第三、印度移來之民族。稱爲 Juwawut 乃一種植物。意謂嗜食此物者、所轉訛之說。

第四、山玖窒 Sancrit 語。(古代印度語) Wawa (大麥之義) 文字轉訛而來之說。

第五、山玖窒之英雄詩歌。拉馬耶 Ramayana 之中有惹哇伊巴 Djawadwipa 之名。卽爪哇語源之說。

右舉諸說之中。第一及至第四之說。其根據甚曖昧。缺乏明確考證。眞否難以判斷。其比較的有明確之根據。爲吾人所首肯者。卽第五說、山玖窒英雄詩歌拉馬耶之中。爪哇伊巴一語。此英雄詩拉馬耶。出於西歷紀元前三百年間。印度之英傑拉馬 Rama 一生冒險的事。此詩多贊美之詞。其詩中 Djawadwipa 一語之意義。Djawa 卽功勳之意。Dwipa 乃島之義。猶言立功之島也。此立功之島惹哇伊巴。乃轉訛爲爪哇。此第五說之根據。較爲有力之事實。西曆紀元百五十年頃。希臘地理學者、葆多羅馬宇士氏 Ptolomaeus 之著述中。已主張用惹哇伊巴之名。讚爲金銀財寶豐富之樂土。此爪哇之意味可以推察而來。然葆多羅馬宇士氏謂爪哇與蘇門搭臘同一島土。此則當時地理學無理之事。

原始的爪哇人。得此文明先達之印度人百般社會生活。咸蒙其影響。就中最可特記者。尤莫如宗教及其關聯諸點。最初印度人移入爪哇之宗教爲婆羅門教 Brahmanism 其後又有佛教之移入。西曆四百十四年。有中國世界之旅行家法顯氏。Fahian 來游爪哇。彼之日記中。對於爪哇婆羅門教與佛教之沿革。記載綦詳。婆羅門教所與爪哇社會顯著之影響。即基其教義階級差別之觀念。其階級分爲四等。一僧侶。Burma 二自由民 Soedra 三農民。Satria 四奴隷乃至獸類。Paria 以上四階級中。嚴格區別。地位尊卑各殊。社會上受此宗教階級之觀念。如何根深而蔕固。爪哇依此婆羅門教之階級差別觀。乃爲新來佛教之勢力所壓倒。然至今日爪哇社會中。尙有尊卑兩級之使用語。誠爲不可思議之事。

婆羅門教與佛教同由印度而來。此新來之佛教。何以容易奪得婆羅門教之地位。蓋婆羅門教既如上述嚴格的保守階級之差別。而爪哇人民。大部份屬於最下之奴隷乃至獸類一級。常立於僧侶自由民農民等三級之下。而受壓迫凌辱。一旦有慈悲向愛教義之佛教介紹而入。自然爲彼等人民所喜而依歸之。然佛教新勢力之移入。與婆羅門教徒之間。並無何種之衝突。吾人歷觀各國歷史。新舊宗教之廢興。多生流血之戰爭。而此兩者之間。却出以妥協的態度。以此之故。佛教勢力已風靡於爪哇全地。而婆羅門教之遺風。乃亦尚有存者。

齎來佛教之印度人。在爪哇之勢力。隨佛教之盛大而俱增。一一〇〇年乃至一四〇〇年間。爲佛教全盛時代。如何華榮絢爛。今日尚有可驚異之磨羅巫魯爾 Boroboedoer 佛跡。其結構之雄大。彫刻之精美。千年頹廢後。尚受世人之讚美。其他爪哇各地。發見大小無數之佛跡。及宇院寺觀等等。Tjandi當

磨羅巫魯爾大佛蹟

時印度人對於宗教如何熱心。且有虔敬之態度。又如何擅有美術的建築。可想而知。如斯印度人僅於宗教方面。其影響已及於爪哇人之生活社會全體。其他爪哇文字行政上各種制度之組織。無一非印度傳來之物。

印度人為文明之先達者。初時異邦人對之。常嚴格敬遠。自佛教渡入爪哇後。爪哇人不知不覺之中。融和而雜居。遂有幾多整然之印度爪哇王國之建設。就中最富強而有威望者。莫如爪哇東方之摩約派 Modjopait 及馬礁攬 Mataram 二王國。其後爪哇西方。復有強大之印度國巴惹惹攬。Padjadjaram 然摩約派王國之強大莫匹。殆領有爪哇東方、及中央全部。峇厘島亦歸其統治。其威力及於蘇門搭臘、及婆羅洲。為印度爪哇文明之表現。此摩約派王國。農產業通商航海之活動。商業之發達。至足驚異。依亞拉伯人旅行家之記錄。摩約派王國之首都。有八百餘所貿易市場之存在。美術學術方面。同時發達。爪哇詩人兼哲學家。當時負一世之榮譽之丹礁魯爾氏。Tantaloer 即生於摩約派王國。

第二章　回教之移入

回教起於亞拉伯一隅。其始祖摩罕默德氏。Mohamed 歿於西曆六百三十二年。其勇敢之使徒等。嗣教祖之志而活動。遂風靡於非洲北部、及小亞細亞一部。旋更以如火燎原之勢。而入於印度、及其他各地。得多數之信徒。回教勢力。遂蔓延而推展。

當時南亞細亞地域。通商航海之最優秀者。卽茵吐士河 Indus 一帶有勢力之虞芝喇 Goedjirat 國民。及波斯人。彼等通商貿易。常與宗教之傳播。有緊密之關係。回教徒之虞芝喇國民及波斯人之通商活動。越印度洋而伸展。回教卽隨其後。伸驥足於東方。馬拉甲 Malakka 爲此等通商航海之先驅者。唯一之重要中心地。回教之奮興。亦卽以此地爲根據。而傳播於其週圍接壤地。蘇門搭臘東海岸之重要商業中心地、勃爾喇 Perlak 巴西 Pasei 一三〇〇年頃。已有多數之教徒。

當時航海通商之目的地。遠在摩鹿哥 Molakken 一名香料島。由馬拉甲東指摩鹿哥通商之路。必經巴南夢 Palembang 而渡爪哇。由爪哇東海岸之詣里西 Grissee 而渡香料島。回教傳播之跡。亦經過同一之路程。從事商業之印度人馬來人等。利用自己之財力。據有爪哇海岸地域。通款於諸王侯。以其子女等結婚。使其發生密接關係。而歸依回教。此等巧妙手段。竟收多大之效果。上自王侯。下迄庶民。競爲新宗教之參歸。回教勢力。遂籠罩全爪哇。

次如詣里西。一四一六年以後。回教亦益擴張。有商人馬里伊勿拉歆 Malik Ibrahim 爲此地之先歸依回教者。回教徒多尊敬之。負有非常之名譽。彼於一四一九年死後。詣里西市有

蘭領東印度史

彼之墓。爲信徒所崇拜。今日尙多善男信女之足跡。十五世紀初葉。爪哇東方全部。已爲回教之天下。

爪哇內地最威望的摩約派王國。與海岸諸地方之王侯。漸次分離獨立。此摩約派國內外多端。其封侯家臣。遂爲丹馬 Demak 國所征畧。（卽今之三寶壟 Semarang 附近一帶）而底於亡。此時代之爪哇。全陷於權力爭奪之血腥戰爭中。人民泣塗炭之苦。未幾丹馬國又爲巴雍 Padjong 王所征服。巴雍王又立於馬礁攬 Mataram 王國（今之梭羅）支配之下。是時以馬礁攬王國勢力最優。一如東方摩約派王國全盛

馬里伊勿拉歆氏之墓

時代。自兼并丹馬國後。摩約派國帝王之冠金銀財寶。咸歸於馬礁攬王之手。馬礁攬王蘇多威約約 Soetowidjodjo （一五七五……一六〇〇）之時代。國力最强。秩序整然。人民咸有聖代之謳歌。

爪哇中部既如上述。當時爪哇西部則又如何。爪哇西部。爲印度人馬來人之通商幹路。占通商上重要位置。一五一一年。葡萄牙人征服馬拉甲。掌握東西通商航海之關門。他人不能觸指。印度人在東方印度交通唯一之門。爲所鎖閉。不得不別尋新通路之發見。以苦心經營之結果。乃迂迴於蘇門搭臘島之南。而有巽他海峽航路之出現。時西部爪哇回教僧侶有名依蠻曼拉那者 Ibn Manland 彼爲生於巴西爾之馬來人。當丹馬國全盛時。得國王之歡心。一五二五年。遂爲王室所信任。與王女結婚。二年後。出使曼丹國 Bantam 巧爲遊說。使爲丹馬國藩屬。一五四六年。井里汶 Cheribon 亦同樣歸服。其子名哈山于珍者 Hassan Oedin 受封爲曼丹之王。如斯伊蠻曼拉那之活動。同時回教宣傳。大功告成。

一僧侶之活動。國勢且彌彌而振。丹馬國於一五六八年頃。國運漸傾。而其屬領之曼丹國。以新興之勢。國力日隆。惹卡德拉 Jacatra 即其屬國。一五七九年。宗主國之巴惹惹攬。全體被其征畧。由是回教勢力益增。完全奪得佛教之地位。不肯改宗之佛教徒。受其迫壓驅逐。大部份移於峇厘島。與爪哇隔一葦水之峇厘島。爲宗教殘敗者之集合地。今日此地。尙有婆羅門教佛教之殘存。

印度人爲爪哇文明之開拓者。佛教文化發達時代。即爪哇文明之黃金時代。此印度爪哇王國。爲古代爪哇唯一之光榮。迨摩約派國亡。曼丹國傾。巴惹惹攬滅。此印度爪哇王國。遂成已往之陳跡。僅有摩羅巫魯爾大佛山。巍然獨存。及無數廟寺等 Tjandi 之礎石。吾人對此華榮絢爛之偉觀。猶想見當時印度爪哇之魄力。

要之。此時代之爪哇。全爲新舊宗教之廢興。與政權之爭奪。錯雜關連。回教既風靡爪哇全地。而政治之組織。秩序未定。甲地乙地之土王。疊起爭端。遂爲南歐勇敢之航海家、冒險家、鵬程萬里而來之葡萄牙人所征服。彼等沿好望角。越波斯灣。橫截印度洋。突然叩東印度之門。東印度之世界舞台。從茲開幕。

第三章　葡萄牙人之於東印度

歐洲人最初來東印度者。吾人確知爲腓尼西亞 Venisia 人馬哥波羅氏。Marcopolo 彼遊歷於中國。其歸途來蘇門搭臘之北部。時在一二九二年。自此以後。東印度與歐洲之關係。特筆可記之事件。由此而起。

歐洲人口唱東印度之名。卽知其擅有肉荳蔻丁香胡椒之特產。印度與香料。幾成相連之名詞。當時歐洲人依非常之冒險多大之犧牲由遠東異國齎來香料。爲如何珍重之事。然香料原產地之東印度。遂以此蒙其禍爲南歐洲幾多國爭奪之地點。

初代香料之輸入歐洲。由爪哇人、及婆羅洲之巫嶷尼士種人。Boegineezen 由香料島而運往馬拉甲市場。處芝喇國之商人。乃渡波斯灣。入小亞細亞。沿黑海東北。以供給於歐洲市場。此幹路之外。其一、由波斯灣經紅海通埃及越地中海而入腓尼西亞、及西里亞 Syria 市場。又其一、由波斯灣巴禮士那 Palestina 附近。出海路而達腓尼西亞及西里亞。卽綜合香料之通商。有上述三條之路線。而此腓尼西亞及西里亞。乃當時歐洲各市場之總集散地。迨米新巔 Byzantine 帝國。爲新月旗之回教徒所蹂躪。一四五三年。君士但丁堡。陷於殁落之悲運。此等通商路線。全然爲土耳其人所遮斷。東印度與歐洲西部之通商。未有安全新路之發見。此新路之發見。決非容易問題。其後解決之者。卽爲葡萄牙人。

此時代歐洲航海之最優秀者。且最勇敢之探險旅行家。卽屬葡萄牙人。最初葡萄牙人與毛亞 Mooren 人。爲宗教戰爭。侵入於非洲之蠻地。遂派航海家旅行家。加入宗教之戰爭。一部份商人。乃漸次獲得商業的勢力。盛行探險於非洲沿岸。期以獲得天與之財寶。此冒險之旅行家。進而尋求印度之通路於非洲南方。迨麥爾哈羅靡士烈氏 Bartholomeus diez 發見好望角。Cape of Good Hope 印度新航路。從玆開拓。一四九八年。哇士哥特甘馬氏 Vasco de Gama 遂由好望角而到着於外印度西海岸之哥里骨。Calicoet 永著名於歷史上。麥爾哈羅靡士烈氏、與哇哥士特甘馬氏、兩人。爲葡萄牙人中勇敢之先達者。彼利用其得意之航海術。以入此未見之樂土之東印度。無何困難。彼等所抱擴張商權開拓天產之雄心。常挾基督教傳教之目的而俱來。以精於航海及巧於戰術之葡萄牙人。而征服彼未開化之土人。自非難事。一五〇一年。葡萄牙人在東方。已得有航海通商征服霸王之榮名。葡萄牙人巧

最先來印度之葡萄牙人哇士哥特甘馬氏

事籠絡東印度諸王侯。納其實權於掌中。重要海岸。咸設商業根據地。例如波斯灣、呵爾靡、Ormoez摩鹿哥島之莪哇等。其勢力直由紅海以至中國南部。一手握盡商權。

葡萄牙人東方勢力之扶植。最有力者。莫如佛蘭士哥亞爾靡他氏、Francis Codalmeida 及亞爾荷梭亞爾武玖璣氏、Alfosodalbuquerque 二人。亞爾武玖璣氏指揮葡萄牙船隊。於一五〇九年來蘇門搭臘北方之亞齊。Atjih 馬來王國之人。對於葡萄牙人之發展。被脅不安。紛紛議出而遮斷其路。氏卽藉此口實。派遣多數之兵。於一五一一年。攻佔其首都馬拉甲。此東西通商之重要地馬拉甲之奪取。其功績甚大。從茲乃獲得亞齊爪哇之商權。葡萄牙人最初以得此而興。最後以失此而敗。元來馬拉甲爲爪哇人重要之商業勢力範圍。葡萄牙人奪取後。爪哇人大受打擊。自然兩者之間。無圓活之好感。三寶壟之東。惹巴拉國王。依馬拉甲之爪哇商人

奪取馬拉甲之葡萄牙人亞爾武玖璣氏

所請求。一五一三年出兵攻伐意欲以奪回馬拉甲。然卒爲葡萄牙人所擊退。

葡萄牙人東方發展之主要目的。在直接染手於香料之通商。亞齊爪哇中部以西。雖經多少之失敗。而摩鹿哥諸島之關係。不能一日去諸懷。一五〇九年。漸漸渡來香料島。在安汶設立通商事務所。葡萄牙人更進而利用特那特 Ternate 土人。與底多禮 Tidore 土人之紛爭。以收漁人之利。一五二二年。與特那特蘇丹締結條約。許以要塞之建設。幷香料一手販買權。葡萄牙人宿望一部份已償。再圖主要目的之全部實現。乃乘勢而侵入曼礁、 Bando 于利亞沙爾士。 Oeliassars 建築要塞。以謀香料通商之完全連絡。而屢屢往返於其接近之東部爪哇之巴那魯干 Panaroekan 地方。

當時歐洲次於葡萄牙人而有有力之制海權者。卽爲西班牙人。彼羨慕葡萄牙人在東方到處之發展。一五二一年。渡來東方舞台。參加於有利之香料通商。其結果與先入者之葡萄牙人發生葛籐。幸兩國之間。出以妥協的態度。一五二九年締結條約。尊重各自發見獲得之勢力範圍。不相侵犯。西班牙人究以葡萄牙人爲東方發展之先輩。持一日之長。乃舍棄香料羣島。於一五四二年。移入於北方羣島。是卽今日之菲律賓 Philippijn 羣島。

哇士哥特甘馬氏新航路開拓之初。葡萄牙人卽有東方獨占的發展。迨十六世紀末葉。東方帝王黃金時代之幕下。葡萄牙人如何意氣冲天。紅海以東、亘東印度、南中國海、廣大之地域。勢力之維持。殊非容易之業。征服之頻。仍治政監理之困難。國力已趨於疲憊。他方通商上組織之不完全。役吏之私肥。財政又陷於窮乏。加之一五八〇年。葡萄牙全國爲西班牙所征服。彼等永年努力獲得之東方通商權。不遑兼顧。葡萄牙人失其昔日之雄圖。徒抱財寶樂土之長嘆。乃與新興之荷蘭人。以東方發展之絕好機會。

今日葡萄牙殘存之領土。僅有的摩爾島之一部。澳門。外印度西海岸之小區域。馬來語印度語中。尚有多少葡萄牙語之混入。是皆葡萄牙人東方發展時代所留之遺物。

第四章　十六世紀末葉之東印度

欲敘述荷蘭人之活動。當先就十六世紀末葉東印度羣島情勢而說明之。荷蘭人來航東方時。當時爪哇以馬礁攬 Mataram 及曼丹 Bantam 二國爲最大國。東爪哇一隅之小印度王國巴蘭曼岸、Balangbangan 咸擁戴於馬礁攬王國之下。領有爪哇大部份之地域。馬渡拉、Madoara 島及井里汶。Cheribon 亦爲其屬國。而居於朝貢之列。由大魯姆河 Taroem 起點。經格特山 Gedeh 沙臘山 Salok 而至威茵谷灣。Wijnkoop 與曼丹國接境。而北方之惹卡德拉。Jacatra 則爲曼丹屬國。中有獨立封侯國之存立。曼丹國之勢力。且越於爪哇海而伸入於蘇門搭臘之南部有名胡椒產地之南榜士 Lampongs 受其支配。爪哇人當時多農民。而能爲航海業之活動。通商上實放異彩。自葡萄牙人侵入後。着着減殺其勢力。

蘇門搭臘 Sumatra 有多數之土王國。對立於諸方。亞齊國及巴南夢國最稱强大。就中猶以亞齊爲佔優勢。小亞齊市爲其中心。卽今日之哥礁拉惹 Kotta Radja 其週圍大小之土王。咸被征服。威震一時。葡萄牙人謀獲得通商權。努力以結託於亞齊國。而卒以異教之故。不克達其目的。

馬來半島 Malay 之柔佛國以馬拉甲爲中心地。葡萄牙略取東海岸之巴達尼 Patani 後。占有東亞細亞通商上之地利。

婆羅洲 Borneo 一島。除數箇海岸地域外。其餘皆未開闢之地。與外部交通。全然隔絕。其海岸地域。則爲馬來人、爪哇人、通商。及巫嶷尼士人活動之根據地。

西里比 Selebes 島之西南方。以望嘉錫 Makasser 爲首都。當交通之要路。且爲香料通商之中心市場。依勇敢之巫嶷尼士人之手。而輸來香料於摩鹿哥。西里伯島回教之傳入。係在十七世紀初葉之頃。

摩鹿哥羣島 Mollucoo・全權操於特那特、及底多禮、二土王之掌握。香料之通商。視其所予奪。

他如安汶、Amboin 曼礁、Banda 以產肉荳蔻著名。葡萄牙人卽以安汶島爲香料通商之中心地。

峇厘 Bali 島有多數之小印度土王國分立。其威勢壓及於其附近各小島的摩爾 Timor 島。最先爲葡萄牙人所領。

此東印度爲葡萄牙人活動之地域。既如前章所述。葡萄牙人奪取香料通商於爪哇土人之手。而獨占其利權。他方基督教之宣傳。又出以極嚴迫之手段。致受土人之憎惡。基督教傳教之中心在安汶一島。一五七二年。葡萄牙人一度被土人逐出於摩鹿哥諸島。十年後再回復其勢力。十六世紀末葡萄牙人全盛時代。以曼礁島爲根據地。從事於檀香木之通商。

第五章　荷蘭人東印度通商之動機

往昔荷蘭。以其地理的關係。商業本來活動。卡羅 Corlo 大王之頃。友德列 Utrecht 羅禮士達 Dorestdad 兩處。爲最繁榮之都市。中世紀時代。荷蘭南方通商尤稱全盛。所謂佛蘭打 Vlandaren 地方。吸收南歐諸國商品。以輸入於冰雪之北國。其唯一市場。以勿魯格、Brugge 垠、Geut （今屬比利時轄）爲最著名。迨十五世紀末葉。內亂戰爭繼續。此全盛市場。已不能維持昔日之景况。而讓其地位於安衛爾笨。Antwerpen 當時中央歐羅巴之重要都市。因商業之聯合。而發現漢沙 Hansa 同盟。掌握歐洲市場之勢力。荷蘭商業。大受打擊。漸次喪失其商業地位。荷蘭人乃轉其活動於新生面之漁業。彼等漁業所賫之利益。結果亦不多遜於商業。其船舶之建造。及其他漁業器具之製作。製鹽業之發展。盛極一時。荷蘭因此而習有得意之航海術。以造成各國自由交通之局面。輸運歐洲北部豐富之穀類木材。以入葡萄牙。而由葡萄牙輸出印度物產。卡羅五世國王之治下。以保護政策之效果。荷蘭航海業更爲盛大。其優勢且駕於漢沙同盟之上。歐洲內之貿易通商。既有餘裕之行程。乃注意於葡萄牙人西班牙人之於印度美洲之通商。葡萄牙人犧牲非常之苦心。以賫來之東印度物品。入里斯奔 Lissabon 市場後。須經荷蘭人之手。乃得輸出於歐洲各市場。如斯漁業、航海通商之發揮。荷蘭益增大其富力。

一五六八年。荷蘭人與西班牙人戰端既開。南荷蘭一帶咸受其禍。安衛爾笨大市場。爲凶暴之西班牙人所蹂躪。一時陷於沒落之悲運。南方荒廢之後。商業漸次移於北方。而集於菴士特登姆。Amsterdam 以奪安衛爾笨之地位。一五八〇年。西班牙王菲立二世征服葡萄牙。在里斯奔之荷蘭人。悉被驅逐。直接通商之勢力。又蒙打擊。然忽然無荷蘭人通商。其穀類木材之必需品。從何而來。菲立二世迄未實行其計畫。荷蘭人尙得暗地入里斯奔。續營印度香料之販賣。迨大政變復起而形勢爲之一變。荷蘭西班牙之間。戰爭垂十八年。一五八五年。西班牙征服南荷蘭一帶佔領安衛爾笨。西班牙王欲加荷蘭人商業之致命的大打擊。又撲滅兩國間之紛爭。遽行高壓手段。並無何等警告突然於西班牙領港內之荷蘭船。悉數捕留並沒收其積載之貨物。荷蘭人之通商至此遂遭頓挫。勇敢之荷蘭人。有再起而懸掛他國旗入西班牙而續行通商者。然卒以國內輿論之反對而止。荷蘭人冒險之通商。遂爲西班牙王高壓的政策所封鎖。

如斯荷蘭之歐洲通商。全然陷於四方阻塞之狀態。然荷蘭人之通商貿易熱。決不就此而衰。於玆乃企圖印度之直接通商。以期歐洲所受之損失。或可於印度償之。免受西班牙人不測的痛苦。荷蘭之印度政策。從此乃啓其端緒。

第六章　荷蘭人最初來東印度

荷蘭人通商熱正盛時。適有久住東印度之荷蘭人蕣士哥登氏。Jan Huijgen von Linschoten 飄然來歸母國。氏少時赴葡萄牙國參與教會事業。隨一僧正旅行於東印度。由一五八三年迄一五八九年。巡遊於東印度各地。彼對於東印度之風土社會仔細觀察。著有『葡萄牙人東方航海旅行誌』關於東印度之土地、人民、言語、商業等等記述綦詳。同時且對於葡萄牙人之於東方殖民、通商、宗教、政策之謬誤。加以評判。最後又有葡萄牙人東方發展命運之豫言。此書研究當時新局面之發展。引起荷蘭人非常之興味。且授以印度政策上之明確知識。

荷蘭人渴望印度通商之機會。依此書而招來摩宇企隆氏、Balthasar de Moucheron 馬伊禮氏、Isaäc de Maire 宇絲莾士氏、Willam Usseline 諸人。爲印度貿易論之急先鋒。一五九二年。荷京菴士特登姆商人團成立。受地理學者勃蘭絲宇士氏 Plancius 之激勵。先行第一步計畫。從事於香料島直接通商事務之調查。委派佛曼氏 Cornelis Houtman 擔任其事。氏祕密往葡京里斯奔 Lissabon 實地調查。以一五九四年回國報告。旋有數名有志商人。設立一組合。名曰遠國公司。Companie van

Eoum nobis heic dat Lynscotius Orbem,
Lynscotum, artifici sculptâ tabella manu.

和蘭人莾士哥登氏

Vèrre 準備船舶爲第一回之印度旅行。此遠國公司卽爲後日東印度公司之先驅者。

當時地理學尙屬幼稚。踏出歐洲一步。印度航路之新發現。全無知識。僅知沿非洲好望角。取道南亞細亞。爲便捷之通路。然有一二難關。長期間之荒浪。好望角之狂風暴雨。爲航海家所恐怖。又防中途爲葡萄牙人西班牙人軍艦所襲擊。如何而得安全通過。依地理學者靡爾卡多爾氏 Mercator 之意見。由歐洲來印度。可取道北洋。經西伯利亞之 Ob 河。沿海岸線而入日本中國。其行程更爲快捷。當時人人對於此說。疑信參半。是否由 Ob 河邊。容易南折而經日本中國海。以到印度。在此高緯度之北洋中。果否無結冰之阻害。洵爲絕大問題。前項取道北洋以出印度之計畫。得辨士哥登氏、及勃蘭絲宇士氏、諸人之贊成。一五九四年備船四艘。爲探險隊之行。犇士哥登氏自率一隊加入。翌年無事歸國。齎來可喜之訊息。依彼等報告經過哇伊卡海峽 Straatwaigach 南進於新地島 Nova Zembla （北冰洋內之島） 折而東航。可以通過而出太平洋之關門云。綦於上述可靠之吉報。一五九五年。再派遣船四艘。負有開拓北方航路之使命而出發。然此行結果。與報告相違。北洋中全然冰塞。一步難進。飽受非常之慘澹辛苦。乃幸得歸國。熱心之荷蘭人。對此大爲失望。荷蘭政府懲此失敗。頗躊躇於以上之積極的援助。幷撤消北方航路開拓之奬勵金。一五九六年。第三回之探險隊。以哈茵士格列氏 Jacob van Heemskerck 峇陵氏 Willem Barentsz 二人爲監督。率船三艘出發。行至新地島附近。船爲巨大之冰山所冲破。漂流於附近之一小島。拾取船片。結爲小屋。以禦風雨冰雪。如斯約受一隆冬嚴寒之厄。翌年解凍時。始得乘扁舟而達俄國海岸港。大多數之船員已斃於沉船及冰窖之中。監督峇陵氏卽犧牲中者之一人。彼等遭難之談。已成爲兒童熟知之故事。如斯北洋通路之夢想。至此乃爲國人所不信。

遠國公司成立後。翌年一五九五年四月。以船四艘。組成第一回之商船隊。航行印度。有沿好望角而行者。有迂迴於美洲南方之馬企蘭海峽者。荷蘭政府與以種種援助。且供給太炮彈藥等武器。任佛曼氏爲總指揮。以統馭商業事務。稱爲理事長。Opper Kommies 其下各船設有理事監督等職。另以地理學者勃蘭絲宇士氏之弟子吉伊絲爾氏。Pieter Dirksy-keijser 爲航海技術長。遠國公司組合員中又選出委員。設立船主參事會。Schcepsraad 關於印度通商航海之重要事務。以參事會爲決定之機關。一五九五年四月二日。由荷蘭德西爾 Tessel 港揚帆。歷十四月餘。迄一五九六年六月二十三日。而到着於曼丹港。遠來之客。受非常之優遇。公然得加入通商。在曼丹中國人部落內。設立事務所。開始營業。初時頗呈圓滑之狀態。未幾而惹起紛議。其原因由於葡萄牙人恐荷蘭人侵害其地盤。煽動土人起而反對。曼丹人乃有排斥荷蘭人之行動。兩者之爭。遂致佛曼氏爲土人所囚虜。荷蘭人乃向葡萄牙人開戰。炮擊曼丹市以爲威脅。監督吉伊絲爾氏。卽

和蘭來東印度之商船隊總指揮佛曼氏

於此紛爭之中而斃。荷蘭人乃捨曼丹而沿爪哇北海岸。以赴東方諸島。到處多與土人衝突。異國萬里之熱帶地域。病疫侵尋。其船員大部份死亡。一種困難之境。雖以荷蘭人堅決進取之熱心。亦不免爲之灰冷。乃寄港於峇厘島。繞道爪哇之南。而航歸母國。

一五九七年八月。原出發船四艘。僅有三艘回着於德西爾港。其一艘已經喪失。全體船員二百四十八人中。僅存八十九人。如斯巨大犧牲之旅行。思之殊爲失策。然印度通商之大宿望。以此行而得實現。又爲國人所歡迎。彼等所齎來之印度物產雖無多。然尚舉得相當之利益。愈足以增高荷蘭人東方通商之熱度。

第二回之遠征隊。一五九八年五月。以八艘之船。得政府後援之下而出發。特任番尼氏 Jacob van Neck 爲全體監督總指揮。又以哇羅伊克氏 Wijharnd van

和蘭商船隊來東印度後回歸德西爾港原出發船四艘已失其一

Waerwijek 爲提督以副之。其下又設數名之幹部。番尼氏率船三艘。以快速力僅七箇月而到着於爪哇之曼丹港。時適葡萄牙人與曼丹人間發生紛爭。曼丹人請求荷蘭人之袒助以對抗葡萄牙人。番尼氏利用此機會捧呈荷蘭王馬宇里 Maurits 之親翰并贈物。以博得曼丹人之歡心。此先着之三艘。遂滿載胡椒。於大功成之下。而準備歸航。未幾而哇羅伊克氏所率之別隊五艘。亦相繼而到着於曼丹。此五艘之緩來。乃爲途上船員多數患病。寄港於印度洋之西爾娜 Cerno 島。以資療養。留滯約一箇月餘。彼等改名此島爲 Maurelie de Nassau 島。於茲八艘之船。對曼丹人表示謝意。兼爲示威運動。一齊放炮致祝。此殷殷之炮聲。深入土人之印象云。番尼氏於八艘之內。先率四艘而歸國。往返僅十四箇月間。滿載印度物産財寶。而入故國之港。其餘四艘。由曼丹港沿爪哇北海岸惹加德拉、都蠻、詣里西等處。到處皆受土人優待。哈茵士格列氏率二艘逕赴曼礁 Banda 島。買取珍貴之肉

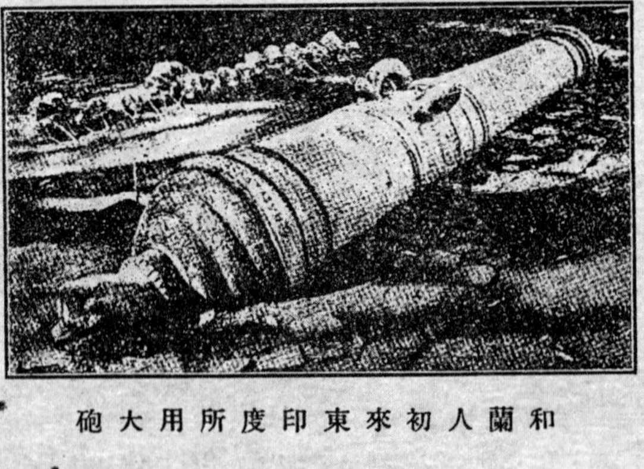

和蘭人初來東印度所用大砲

荳蔲丁香。滿載香料。意氣洋洋。於一五九九年無事歸國。後之二艘。爲哇羅伊克氏率往香料島之特那特 Ternate 開設事務所。以數名之船員置於番都士氏 Frank van der Does 監督之下。駐在爲事務員。旋於一六〇〇年歸國。第二回遠征隊。成績遠出於諸豫期之上。八艘之船。皆滿載印度物產。安全而來。大爲國人所驚嘆。東印度數箇事務所的開設。卽爲永久的印度政策之基礎。

荷蘭人東印度通商之成功。齎得珍奇之印度物產。而入於荷蘭市場。其貨物常博得百分之四十之巨利。迄至一六〇一年末。荷蘭人組織公司。參加印度通商者。如雨後之筍出登船隊。共有十五回。船數有六十五艘。其活動主要人物。如佛曼氏、番尼氏、哇羅伊克氏。皆一時英俊。富有冒險精神及軍事學識。荷蘭人與東印度通商。悉出以禮義文明的態度。祇以初到時爲葡萄牙人所危害。爲自衞計。不得不出於武力之抵禦。然卒以戰勝葡萄牙人之故。而樹立其勢力。

第七章　聯合東印度公司之設立

印度貿易機關。有多數組合公司之濫設。結果遂成不可避免的競爭。無復初時貿易所舉得之巨利。受同樣的痛苦。競爭益烈。自然各自之利益愈減少。蓋印度貨物的買取。既因競爭而價値漸次引上。彼土王酋長等。益乘勢而抬高價格。數月之間。騰貴至於四倍。一方於歐洲賣出時。又爭先放手。結局皆蒙不利。如斯印度政策。欲與佔有優勢之葡萄牙人對抗。誠屬困難。荷蘭欲棄此不健實之印度政策。當然有確立統一方針之必要。此問題之解決。當以印度貿易之各荷蘭公司。合併而設立大規模之公司。實行干涉的政策。當時因荷蘭大政治家麥爾尼費爾氏 Olden Barneveld 盡力斡旋之結果。大小之印度貿易公司。聯成一氣。一六〇二年。創立一大公司。稱爲聯合東印度公司。Vereenig Oost indische Compagnie 以三字頭組合之ⓋⒸ爲其嘜標。此東印度公司。卽爲近世經濟組織發展之重要團體。

聯合東印度公司。依荷蘭國務總會 Staten General 之特許。由一六〇二年三月二十三日起。亘二十一年間。在好望角以東、馬企蘭海峽 Strait of Maggelan (美洲南方)以西、各地域。與以通商獨占權。期滿得再延長。上述區域內。公司關係以外之荷蘭人通商。絕對禁止。此大大的通商權特許以外。更與以東印度廣汎之權限。卽東印度公司於此地域內。得代表國務總會。與各侯王國家。直接締結同盟。及其他關於政治之條約。并得行使徵兵權、造幣權、官吏任免權等等。又東印度公司。對荷蘭輸入品。全部免稅。如斯東印度公司。享受政府之各種特權。對於政府。亦有多少義務之規定。卽東印度公司之印度通商。每航海、每事務。應詳細報告於政府。又東印度公司高級職員之任免。國務總會有干涉之權云云。東印度公司資本爲股份搆成。其股票式一如尋常之股份公司。惟票面股銀。不規定其額數。各自任意投資。有多至一萬盾者。亦有少至七十五盾者。當時菴士特登姆市長巴哇氏。Peinier Pauw 爲其家僕各買百盾之股。傳爲快事。大政治家麥爾尼費爾氏。亦爲五千盾之股東。東印度公司全資本額約六百五十萬盾。大部份多買收原設之公司以充之。主要都市。如菴士特登姆、哈倫

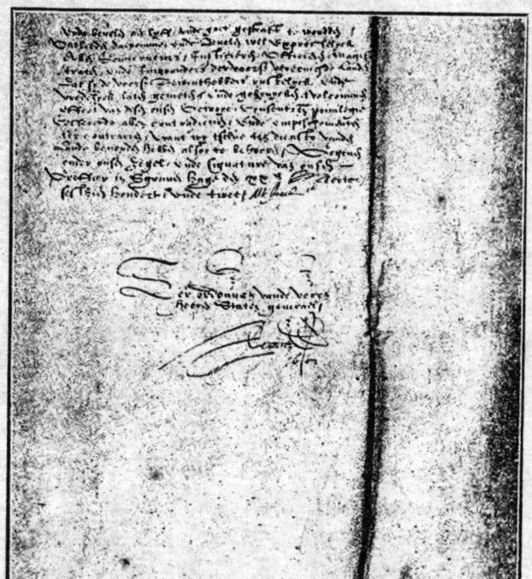

一六〇二年荷蘭國務總會給與聯合東印度公司特許權之證書

Hoorn 靡德爾麥爾、Middelburg 茵海新、Enkhuizen 羅德爾登姆、Rotterdam 直爾麥爾 Tilburg 等皆設立分公司。賦有多少之獨立權。公司全體業務之方針。由經理人司之。此經理人初設七十三人。後減爲六十人。有缺額時。由各公司選舉補之。經理人被選舉資格。須有三千盾以上之股東。任期十年。經理人對於國務總會。負有提出業務細明書之義務。此經理人得受非常高級之報酬。卽印度歸航所得之利益百分之一十。爲人人所渴望之地位。此等經理人中。選出十七人以當業務之衝。名爲十七人會議。荷蘭人稱爲 Bewind hebbers 含有監督之意義。爲東印度公司最高機關。

第八章　東印度公司初期時代

東印度公司創立後。旋卽派遣第一回之遠征隊。元來荷蘭諸公司。各自開拓事務所。分散各地。現在既爲有秩序的組織。自然以統一公司全體爲急務。東印度公司乃改築第一主要之事務所。稱爲法多禮 Factorij 實際上不單爲商業事務所。事務所之範圍。其四週附設貨物倉庫。及辦事員之住宅家屋。築爲城塞。防備災害襲擊。造成安全地帶。故商業事務所。半有軍事的設備。爲其殖民的根據地。

第一回遠征隊之指揮官番哇羅伊克氏。最稱活動。縱橫航行於東印度羣島一帶。設立多數事務所於各重要地點。以吸收豐富之貨物。一六〇〇年率二艘之船。滿載貨物而送歸本國。其唯一功績。在努力以撲滅葡萄牙人之勢力。擊破葡萄牙人船隊於柔佛海岸附近。

第二回第三回遠征隊。陸續出發。大抵十艘十五艘為一隊。指揮官馬特里夫氏、Matelieff 番登哈然氏、Van den Hagen 番卡爾登氏、Van Caer den 威爾佛氏 Verhoeff 等。皆能驅逐葡萄牙人勢力。而於新勢力地設立商館。獲得根本的地盤。始而曼丹。漸次擴充於苫里西、柔佛、巴達尼、(Patani 馬來半島) 望嘉錫、惹卡德拉、惹巴拉等地。皆築有商館。就中巴達尼之開拓目的。在日本及外印度方面通商之連絡。錫蘭、亞齊。荷蘭人勢力亦佔有優勢。

如斯荷蘭人在東印度之活動。着着成功。尚有重要問題未解決者。卽東印度通商之主要目的。全在香料生產地之摩鹿哥羣島。尚未有何等勢力。荷蘭人受西班牙人之迫壓。排萬難而東來。以參加香料之通商。自然必伸手於此香料島。乃能完成其目的。東印度公司之幹部。發出命令於遠征隊。若不幸依和平手段。不能佔領摩鹿哥羣島時。則以武力解決之。蓋葡萄牙人之於摩鹿哥島。有久年維持之勢力。牢不可拔。然幸得機會之來。葡萄牙人東方政策。常隨宗教的政策而俱進。彼等對於基督教之宣傳。多以强迫手段。致惹起土人之反感。反之而荷蘭人之殖民政策。與宗教問題。全無關心之態度。因此得以奪取葡萄牙人之地盤。香料島土人受葡萄牙人之迫壓。不勝怨惡。轉而求荷蘭人之後援。荷蘭人認爲絕好之機會。於善意後援之裏。而掌握其實權。以迄實行佔領。東印度公司最初取得安汶。次而領有底多禮及特那特。又次而征服曼礁麥章。於茲香料島遂完全而歸東印度公司勢力之內。土人自願不以香料供給荷蘭以外之他國人。

東印度公司之成績。設立後數年間。其舉得之利益。必合併舊公司之股東。而分配利息。一般股東最初所受之配息。一六一〇年。其額達百分之七五。同年內第二回有百分之五。第三回有百分之〇・七五之配息。合計全年有百分之一三・二五。翌年一六一一年。有百分之三之配息。以後迄至一六一九年。全無利益之分配。如斯或一年而配息三回。或數年而全無配息。在今日思之。實屬奇異。此方法實際頗受物議。一六二五年以後。乃改爲每年有規則的配息。東印度公司始終配息。平均年額約百分之一・八。

東印度公司之獨占通商政策。其業務皆操於少數幹事部之手。財政一部份外人絕對不能窺知。一部份股東。於疑惑之下而發出非難。此不平黨之一人。卽十七人會議之一員馬里氏。Issac le maire 憤少數之專制者。而首先退出公司。彼蓋欲爲自立之活動。以抑制東印度公司之專橫。初與其同志等。企圖開拓南美洲之西海岸卑魯 Peru 等處。而不果行。蓋爲東印度公司通商獨占特許權所束縛。個人通商不得侵入特許範圍內之地域。馬里氏更誘出東印度公司之不平黨、股東之一人彝特然氏。Pieter Lijntgen 謀於法國王軒里四世。Hendrik IV 準備派船探險於北美、中國、及印度一帶。後爲駐法荷蘭公使亞爾甲氏 Francois van Aerssen 所抗議而廢止。馬里氏既然有兩次之失敗。乃又有第三次之計畫。

東印度公司失態之一端。以馬里氏之退股而暴露。其所公佈之業務細明書不規則之利益分配。皆不利於股東。以此之故。既以激成股東之動搖。他方又因印度舞臺中有東印度公司之大强敵出現。卽英國人於一六〇〇年以來。印度公司於曼礁摩哥島、設立數箇事務所。其勢力亦不可侮。無論英國人活動日淺。以荷蘭人之力能否容易壓倒。然當時歐洲政局甚然糾紛。蘭英國際關係緊張。對於英國人在印度之活動。未敢遽行其高壓之阻害。東印度公司。僅對於葡萄牙人西班牙人。努力爲嚴勵之驅逐。

蘭領東印度史

第二編　東印度公司全盛時代

第九章　總督之設置

葡萄牙人凋落之機運旣不能維持昔日所握世界制海權。而爲西班牙荷蘭兩國所奪取。此兩國者海上勢力範圍之協定。經幾度之交涉。而西班牙比荷蘭爲一日之先輩者。徒自持其高調。否認荷蘭之要求。而未臻妥協。西班牙對荷蘭在東方之海上通商。常出以作梗。西班牙王菲立三世。述其理由曰。『東印度幷西印度之航海通商權。乃神聖法律依羅馬教王之覺書。爲西班牙王獨占權所有。』蓋歐洲中世紀教會政治時代。窪底干 Vatican 宮殿所發出之命令。有無限之威力。行於海陸之上。教皇寵兒的西班牙王依教皇之名。欲以幽閉荷蘭人於歐洲海上。而自爲世界海上之霸者。

荷蘭對此西班牙的態度。非常痛苦。教皇之命旣不可違。而自國所有海上權又不可棄。一時頗難於主張。於玆乃有解決機會之來。卽休莪·格羅薩士氏 Hugogrotius 之名著。『海洋自由論』Mare Liberum 一卷。彼以爲海洋自由之許可。亦爲神聖之意。何國皆得自由利用。西班牙一國。無獨占海上權之根據。決無理由可以阻止荷蘭海上之發展。此等透徹理論。今日之國際法。卽基此海洋自由之原則而生。無人敢有非難之者。

海洋自由論。對當時歐洲國際政治。大與以刺戟。荷蘭得此根據。理由充分。嗣經法國及英國之斡旋。一六〇九年。於安衞爾笨都市締結十二年條約。12 Jarigbestand 西班牙及葡萄牙。承認印度爲東印度公司所領有。又本條約締結時。旣確定各國領有之地域。互相尊重。不得侵犯。何以西班牙及新進之英國。常窺伺荷蘭之地盤。摩鹿哥羣島。一時且有爲英國人所奪取之傾勢。

東印度公司。自香料通商收入掌握以來。汲汲於營利主義。對土人香料之買取。其價値非常降下。以此之故。反造成土人與英國人爪哇人之祕密通商。而招來不利。東印度公司爲防遏土人祕密通商計。設立嚴酷之取締。時或沒收其所種之丁香肉荳蔻。曼礁士人積怨之下。乃乞援於英國人而謀反叛。東印度公司派將軍威爾佛氏鎭壓之。曼礁士人以計誘威爾佛氏會議。氏率手兵三十人赴會。歸途爲土人所截殺。此種事件。頻頻發生。東印度公司。對於各地商館。乃更連絡完密。以備萬一。各商館內皆設置參議會以當其事。

一六〇九年。十七人監督會議議決設置總督。 Gouverneur General 以統一通商及其他一般事務。基此議決。同年十一月二十九日。任命彼得穆氏 Pieter Both 爲第一次總督。赴任印度。彼得穆氏前曾一度充商船隊提督。爲印度旅行。富有經驗之人。彼赴任總督時。因沿途多事。運至一年。乃到着於曼丹。

總督之設置。乃東印度公司重要改革之一。印度政策。有統一的組織的顯著。從來單純之通商營業主義。已整然而進於殖民主義。總督設置後。其補助機關、乃至諮問機關。復設印度參議會。Raad Van Indie 東印度公司之印度政策。全權委於獨裁政治之總督。而以印度參議會牽制之。印度參議會。最初以委員五人組織之。後增至九人。此九人中。實際有五人當總督輔助之常務。他之四人爲特別委員。分駐各地。遇有重要問題發生時。均得出席參議會。有名之活動家佛爾德・哈曼氏。Frederik Houtman 卽初期印度參議會委員之一人。凡印度政策之重要事項之決定。總督預先諮問於參議會。總督爲參議長。遇委員投票以決定事項時。有決否投票之權限。又有依第七章所

第一任東印度總督
彼得穆氏

述東印度公司通商獨占權之外。條約締結權。徵兵權。及其他軍事權之行使。總督之權限實屬廣汎。

總督彼得穆氏。自居於安汶。銳意扶植勢力於摩鹿哥羣島。以資開拓。一六一三年。得爪哇馬礁攬國王之特許。設置商館於惹巴拉地方。此舉爲東印度公司人員、及荷蘭歸航船隊、糧食必需之米之買取爲目的。彼得穆氏。旋復得曼丹國王之許可。而設置商館於惹卡德拉。

總督彼得穆氏於一六一四年歸國。中途不幸。於毛里西亞 Mouritius 島附近。(印度洋內)爲暴風雨所襲。未履故國之土。而葬身於激浪中。繼任總督者爲格拉爾特·里茵士氏 Gerard Reynst 第二次總督里茵士氏赴任印度之際。邀請有名之手腕家彼得·番·登勿祿氏 Pieter Van den Broeke 爲同伴。勿祿氏先曾被派視察亞拉伯地方。始識 Moca 咖啡。而介紹於荷蘭。漸次成爲普通嗜好品。可與珍重之香料相匹敵。同爲重要商品。約一世紀後。東印度遂有咖啡之栽培。總督里茵士氏之部下有一著名之彼得·君氏。Jan Pieterzsangoen 任商事監督。兼任印度參議會委員。彼於一五八七年生於荷蘭哈倫。年十三歲。在羅馬入一荷蘭商店實習商業。淹留七年。習得各國語言文字。印度貿易熱勃興之際。一六〇七年。活動於印度。一六一〇年歸國。一六一二年。再率商船隊二艘赴印度。巡視各地東印度公司之商館。從事監督。彼得君氏居於曼丹英國人勢力荷蘭人勢力相錯雜之場中。以其賢明識見。深知蘭英難免衝突。欲佔通商上有利之地位。須以惹卡德拉爲永久的根據地。斯爲得策。建議於總督里茵士氏。適里茵士氏歸國中途而歿。第三次總督。乃選任摩鹿哥島監督官魯連士・里亞爾氏博士 Drlau Rens Reaal 繼任。里亞爾氏總督時代。有困難問題發生。卽英國人在摩鹿哥島及曼礁之勢力日益膨漲。與荷蘭人間疊生葛籐。雙方將訴之武力。事勢緊張。印度參議會決定持以强硬態度。派彼得君氏居於爪哇。而總督自赴摩鹿哥。以與英國人爭持。東印度公司對於英國人之壓迫。應付大費苦心。同時復有馬里氏之脅。企謀組合第三之東印度公司。以爲對抗。其理由以爲東印度公司所得之特許。旣載明好望角以東、亘馬企蘭海峽以西、之地域內。有通商獨占權。若馬企蘭海峽以南之航路通商。決無侵害特許之事。馬里氏以此理由設立東方公司。Austraal Campagnie 一六一五年。其長子惹玖士・禮・馬里氏 Jacques le Maire 及維廉・士哥登氏 Willem Schouten 二人爲指揮者。派商船二艘。航行於南美洲之最南方附近。發見新海島。迴翔於太平洋。轉向印度羣島。得多量之貨物。於一六一六年歸航。途中。彼得君氏以其侵害東印度公司獨占權。而捕拿之。送歸荷蘭。惹士玖氏死於途次。馬里氏詰問東印度公司處置之不當。索其賠償損失。此馬里氏事業之失敗。東印度

三十八

創造巴達維亞之第四任總督

彼得君氏

公司之不平黨。稍稍膽落。無復有再起爲難之能力

總督里亞爾氏。正努力以阻止英國人在摩鹿哥島勢力之發展。而曼丹事勢又極糾紛。英國人煽動曼丹土人以抵抗荷蘭人。蘇丹之攝政拉那・蠻卡拉 Rana Manga la 爲其首魁。彼等以幾次毒手謀暗殺於彼得君氏。一六一六年。惹巴拉之商館。爲馬礁攬國王之部下所襲擊。衞兵多數被捕。彼得君氏得此報告。察知馬礁攬國王與曼丹間必無何等之連絡。但馬礁攬國王與各地王侯。協力驅逐荷蘭人。情勢重大。彼得君氏一面以此旨飛報於幹部董事。他方銳意籌備對抗。鞏固惹巴拉商館之防禦。竭力奮鬭。

未幾而總督里亞爾氏自乞辭職。彼得君氏遂一躍而登總督之位。彼聲名嘖嘖之法律家里亞爾氏。立於萬難軍事外交之窮地。當然有繼起之軍事家外交家。方能擔當難局。彼自辭職時。卽推薦彼得君氏爲其後任者。

第十章　巴達維亞之建設

彼得君氏就任總督之際。荷蘭人與英國人之關係。甚爲險惡。英國人於惹卡德拉商館。增設堅固之防備。惹卡德拉王班藝蘭 Pangeran 抗議無效。荷蘭爲對抗之策。自身商館亦一例設防。兩者之商館。對峙於里溫河 Tjiliwong 之間。各施兵備。伺隙而動。正在形勢險惡之時。英

國吐馬士・礁禮氏 Thomas dale 率英國艦隊五艘。而泊碇於曼丹之港。英國人恃其勢力。密通於曼丹人。協齊以驅逐惹卡德拉之荷蘭人。突然於泊碇灣內之東印度公司船 Zwarte leeuw 號。而加以危害。彼得君氏總督責其暴行。要求賠償損失。礁禮氏拒絕其要求。送還原書。彼得君氏憤其傲慢。發命令於其手兵。攻擊對岸之英國商館。兩軍由此開戰。

彼得君氏以疾風迅雷之勢。乘取英國商館。同時傳命泊於翁魯士島 Onrust 之東印度公司船。準備戰鬪。有七艘之船。入於曼丹港。他方復迅速振頓城塞陣形。惹卡德拉王。嚴禁土人援助荷蘭人。兩軍對峙之間。荷蘭方面。礮彈所存甚少。反之、惹卡德拉土軍。暗助英國人。襲擊於陸上。英國艦隊。復由海上攻來。剛勇之彼得君氏。正面迎敵。激戰數時。勝負未決。日暮而荷蘭船彈藥缺乏。彼得君氏知非有援兵不可。乃自急赴摩鹿哥調集援隊。而命彼得・番・登・勿祿氏 Pieter Van den Broeke 爲留守。以抵抗敵軍之來攻。留守勿祿氏以英軍之強烈攻擊。卒至屈服。實爲彼得君氏所失望。元來彼得君氏以勿祿氏有第二次總督之資格。勿祿氏曾活動於外印度。係有爲之才。故委以留守之責。不意爲英人猛烈攻擊。至於敗北。彼得君氏引爲大憾。英國人乘勝奪取荷蘭人城塞。并沒收其商館內之商品貨物。

惹卡德拉王班藝蘭。乃一貪慾痛暗之人。一方諂媚於曼丹王。他方復於英國荷蘭兩方面。播弄是非。以圖索賄。彼遣人向勿祿氏索賄六千里亞爾。Real （一里亞爾等於二盾五角）以援助荷蘭爲條件。藉口會議。誘致勿祿氏幷其部下七人於王廷。突然捕之以爲俘虜。彼復以勿祿氏爲質。而索巨額之身代價及大礮兩尊。守城隊番・拉伊氏 Van Roaiy 以不當之要求。一言拒絕。勿祿氏遂備受累絏之辱。幾度致書訴其苦境。請應敵人之要求。彼敵軍復縛勿祿氏於城前。以礮口向準其身。作擊射狀。於荷蘭人衆目之中。施以恐嚇要脅。勿祿氏慮其身之加害。反說荷蘭軍歸順爲得策。長官既如斯。番拉伊氏幷其部下。不再作無益之流血。結果遂至屈降。

英國人既奪取荷蘭人城塞。曼丹王之攝政者。籌對抗英人之策。乃對荷蘭人表示好意。主張荷蘭人之俘虜於惹卡德拉人之手者。一律釋放。荷蘭人對於城塞引渡之際。提出條件。城塞內之商品。一切不得觸手。又英國人須承認荷蘭人自由行動。云云。曼丹人不與以同意。荷蘭人大憤。乃拼命抵抗。一面搆築新城塞。當時荷蘭方面。正在苦戰之情態中。幸英國人與曼丹人間發生不和。英國艦隊奔出於曼丹港。彼得君氏總督。調集援兵。自摩鹿哥島出發後。率六十隻之艦隊。到着於曼丹港。從茲荷蘭軍力大振。既救城塞之危。又完全擊退敵軍。惹卡德拉。遂歸於東印度公司之手。爲最初在東印度之領土。惹卡德拉征服後。乃入曼丹港。爲威風堂堂之海軍示威行動。要求二十四時間內。全部俘虜解放。復以艦隊封鎖曼丹港。以抑壓敵軍。

彼得君氏未回惹卡德拉時。荷蘭幹部之態度。非常震怒。置負責任之人於軍法會議之審問。番拉伊氏歿於囚營之中。以外諸人。均處以褫職削位之罰。

彼得君氏苦心之奮鬭。見事已奏效。大舉凱歌而回。彼報告於荷蘭本國董事曰。『東印度公司勢力之基礎。由此地扶植之。』董事幹部對彼得君氏之偉業。特致謝狀。并酧以七千金員。及黃金寶刀。以旌其勳。

征服事業完成後。彼得君氏以地方荒於兵火之災。有整理之必要。乃就惹卡德拉舊蹟。改築新城。其內設有市政廳。東印度公司政廳。許土人及中國人住於市內。彼得君氏以此新築之城。爲荷蘭人之首都。擬命名爲新哈倫。因彼生於哈倫之故。向幹部提議。爲十七人監督會議所否決。定名爲巴達維亞。Bat-

十五世紀之巴達維亞

ávia 此名之所由來。因爲此次征服惹卡德拉之荷蘭兵。大部份爲巴達維連 Batavieren 種族。故取此名以留紀念云。

第十一章　彼得君氏之活動

總督彼得君氏奪取惹卡德拉。并建設巴達維亞之偉業。既如前章所述。本章再就其建設巴達維亞後之事業述之。彼得君氏奪取惹卡德拉成功之間。英國船隊。接得摩鹿哥荷蘭船隊來援之報。卽息影逃出曼丹港。彼得君氏跟蹤追擊。倘捕獲英國船六艘。

然至一六二〇年三月。彼得君氏得有意外之報。蘭英兩印度公司。成立一種協定。兩者無益之角逐中止云云。彼得君氏對此英國人之寬遇處。非常不滿意。事實上蘭英兩印度公司不斷之紛議。雙方所共厭。兩國爲政者。久經協議之苦心。西班牙十二年條約。恰好期滿。一六一九年乃締立此協定。對兩印度公司協力活動的目的。交換之覺書中。兩印度公司。依各自之資本而活動。除既得的獨占權所有外。凡印度港灣。得自由貿易。依此協定。各種貨物之收買價格。比較的一律。不再似前此之競爭。且兩公司得有共同的買取貨物。各得其半。關於爪哇部份。荷蘭人以多大之犧牲。奪取葡萄牙人之通商。摩鹿哥羣島香料之收買。英國人佔三分之一。從前各自之屬地。互相尊重外。若新地域之征服時。得爲均等的分割。兩國印度政策所有爭執問題之處理解決。另組一防衛議會。Raad Van Defensie 兩國選出委員四人。荷蘭人英國人輪流為議長。一月交代云云。

此協定決非荷蘭之利益。寧可謂為英國人外交之成功。彼得君氏抱驅逐英國人之志。對此協定。寧能滿意。彼寄書於荷蘭幹部曰。『英國人甚感謝卿等之優遇。卿等一度退讓。彼等即一度進迫。卿等之寬容。殊欠考慮。何者、摩鹿哥、安汶曼礁。雖海邊一粒之砂。英國人亦無要求權利之理由。乃許以肉荳蔻丁香之三分之一。實吾輩所不解。』

巴達維亞之間。內外共整頓。其防備堡壘之完成。比較往時之城塞。約增九倍。一六二一年。幹部對印度荷蘭首都之慶成。贈以紋章。城內設

和蘭巴達維亞政府在曼礁之礮臺

幾多之學校、及教會、船舶研究所。然彼得君氏仍飽受英國人巴達維亞發展之妨害。

蘭英兩國之葛籐。巴達維亞一波乍平。而曼礁新問題又起。曼礁土人。忽然拒絕供給貨物契約之履行。盛行秘密通商。全體一致。彼得君氏察破土人此舉。顯為英國人所煽動。乃提出防衞會議。請求協力懲治之可決。英國委員出以遁辭。不贊成彼得君氏之提議。彼得君氏慨英國人逡巡之態度。遂宣言英國不贊同吾人之提議。吾人當單獨懲治之。征服之後。曼礁通商。卽歸荷蘭所獨占。未幾遂以船隊進占曼礁島實際英國所領之浮羅蘭小島。Poe lo Run 亦在其內。彼得君氏軍隊至此不再寬假。捕多數之土人而殺之。或則流放於爪哇。此等土人驅逐後。所遺之土地。乃以東印度公司員役、或歐洲人移住之。各給以一定之面積。幷使役之奴隸。栽培肉荳蔻。此肉荳蔻收穫後。全部為東印度公司所收買。如斯東印度公司渴望之香料通商。完全入其掌握。彼得君氏土人政策。既如上述。或譏其頗非人道的。彼所築造東印度公司之基礎。百年磐石之奠定。有此曼礁可怖的流血之征服。對彼蘭領東印度偉大之功績上。如投一點之黑影。然彼得君氏以曼礁土人之攜貳反覆。設非以鐵腕臨之。必危及東印度公司之前途。

彼得君氏於一六二三年自乞辭職。東印度公司對彼之信賴甚厚。總督繼任者。一唯彼之所任。彼得君氏乃推薦印度參議會之一委員、彼得・卡賓德爾氏 Pieter de Carpentier 以繼其任。

第十二章　卡賓德爾氏總督及彼得君氏第二次總督時代

彼得卡賓德爾氏。一切繼承前總督之施政。爲最適當之後任者。卡賓德爾氏事業中可特筆而記者。莫如巴達維亞之擴張。彼對於稅制、司法、教育、等之設施。努力改善。就中以其所創設之孤兒財產管理院。Wees Boedel Kamer 尤爲異色。專司孤兒之教育及其遺產之管理事務。

卡賓德爾氏膺東印度統治之重任後。一六二三年。安汶有虐殺英國人事件發生。安汶島依一六一九年之協定。英國商館。不得建於荷蘭佛多禮城塞之內。初時英國荷蘭之關係。得尙相安無事。一日有英國商館內之員役日本人。入於荷蘭城塞內之禁止地域。荷蘭長官士彼宇爾氏。Herman Van Speult 以其無理由。遂捕而審問之。依日本人所供。英國人得多數日本人之後援。陰謀殺戮荷蘭人。奪取城塞。此入於荷蘭人城塞內之日本人。卽其所派之密偵。事實既明。士彼宇爾氏大驚駭。乃逮捕一般英國人。桎梏考問。得其陰謀確證。遂處其有關係之英國人九人、日本人九人、葡萄牙人一人、以死刑。而上斷頭臺。此事件遂生出重大之交涉。

英本國政府否認英國人陰謀之事實。而詰責荷蘭人之拷問凌辱虐殺。英國輿論對此所謂『安汶虐殺案』不勝憤怒。英國政府要求荷蘭國務總會之辯明幷贖罪。幷主張本案之解決處理。移歸於防衛會議辦理。而荷蘭當局及士彼宇爾氏則以防衛會議之行爲。超越權限。不與以同意。實際、士彼宇爾氏對此罪犯之處決。已先諮得國務總會之諒解許可。結局因此案之動機。蘭英戰事復生。至一六六七年勿里礁 Breda 之和平條約。乃告解決。與英國人被殺者之遺族以賠償金。且要求浮羅蘭 Poelo Run 之租借。茲有吾人可注意

十七世紀東印度公司在安汶之城塞

者。此安汶虐殺案關係之數名日本人。從何而來。如何而與英國人協力。其屬於南洋漂流之一羣日本人。可想像而知。

居於缺乏圓滑之蘭英關係。因此虐殺案之故。更增加其反感。英國人屢屢謀擢翻摩鹿哥之荷蘭人勢力。彼等復爲對抗巴達維亞計。而有巽他海峽之拉特然 Lagendi 島開拓殖民地之計畫。然終於不成功。蓋一方以荷蘭之强硬抗議。他方又因其土地非常不健康。一二個月中死亡三百餘人。乃放棄其計畫。英國人乃復以曼丹爲活動之中心。

東印度公司印度政策之困難。對英及對土王之關係相繼而起。茲就對土王之問題一言之。曼丹之關係。既如前章所述。其次則爲爪哇唯一之大王國馬礁攬國之關係。最初馬礁攬國尙有比較的友誼之維持。東印度公司對土王國之和親。一六二二年以來。每年必派遣使節。致贈禮物、幷書翰於馬礁攬國王巴淋麥罕 Panembahan 當時巴淋麥罕爲馬礁攬國王之傑出者。其威望震於東方爪哇。一六一九年征服都蠻。一六二三年攻馬渡拉島。捕其王侯送於馬礁攬國之首都卡爾礁 Karta 而慘殺之。又奪取蘇拉末亞。當奪取蘇拉末亞時。曾仰賴荷蘭節使之援助。野心勃勃之巴淋麥罕。復思伸展其勢力於爪哇西部。一如東部爪哇大勢力之扶植。一六二五年自稱爲蘇蘇夫蘭 Soesoehoenan 猶言至尊之君。彼之普通歷史上稱爲蘇蘭亞卿。」Soenan Ageng 卽「大王之意。」此暴君之下。戰爭頻仍。其領土荒廢於戰禍之中。無辜之民。喪失多數生命。馬礁攬國民處於桎梏壓制之下。其慘澹非筆墨所能形容。東印度公司欲貫澈其印度政策。正擬對此野心勃勃之蘇蘭亞卿而與以創懲。適有機會之來。一六二六年巴達維亞政府依例派遣使節。蘇蘭亞卿一反其從來禮意的歡迎。而出以反對的態度。拒絕使節入境。東印度公司與馬礁攬國歷來友誼之維持。至此而冷眼。迨彼得君氏回任時。遂見決裂。

彼得君氏辭職後返歸荷蘭本國。提議於東印度公司當局。其根本之印度政策。就中對於通商。今後須改用自由方針。卽東印度公司對印度物產之輸入荷蘭外。其印度自身之商業農業等。依課稅及特許制度之條件。得任私人之解放。其次、彼所揭要之問題。東印度內實行歐洲人之殖民。爲東印度公司努力之必要。彼得君氏乃多年印度政策之當局而有經驗者。彼之提案。惹起國人非常之注意。

東印度公司勸令彼得君氏再就總督之任。彼得君氏有候結婚後之允許。暫時尤在乞假。然事爲英國所知。以彼得君氏之辣腕。又富經驗。依彼之復職。英國人必蒙不利。提出强硬抗議。當時英國人對於彼得君氏如何驚愕。英國之印度參議會議長。至謂彼得君氏當服以英國古代之極刑。絞首而掛之架柱。尙未滿足。云云。其驚惡之心理。可想而知。荷蘭政府恐國際紛爭又生。諭令彼得君氏延期赴任。時適英國新王查里士一世 Charles 登位。對荷蘭尙有好意。爲不可逸之時機。公司董事等。於一六二七年促彼得君氏向印度出發。彼得君氏佯爲東印度公司之一辦事人。匿名而出本國。同年九月到着於巴達維亞。繼卡賓德爾氏而回總督之任。

彼得君氏復任之間。曼丹人之騷亂適起。當時巴達維亞附近。多漂泊浮浪之徒。掠奪良民。曼丹海上之船。被脅不安。曼丹人乃一致反抗荷蘭。一六二八年。馬礁攬國王忽然直接致書於彼得君氏要求二事。第一、依目下計畫中馬礁攬國王將征伐曼丹。東印度公司應與以後援。第二、馬礁攬國王乃爪哇優越之主權者。東印度公司使臣應稱臣僕。然馬礁攬國王果征服曼丹。巴達維亞必罹其厄。對第一項自然拒絕。第二項荷蘭之回答。即總督爲馬礁攬王之友人。何故欲其稱僕。以損及總督之威嚴。總督除荷蘭政府以外。無服從其他之義務。馬礁攬國王之要求完全被拒。其眞實之計謀暴露。一六二八年八月。馬礁攬軍由海上出不意而施猛烈之夜襲。巴達維亞市受士兵大軍之包圍攻擊。彼得君氏僅以手兵二千八百名。依必死之奮戰而擊退之。其後馬礁攬國幾度增派新兵來攻。卒以糧食缺乏。又値降雨期。失敗而退。馬礁攬軍之指揮官。受攻擊巴達維亞失敗之處罰。為其國王所殺。一六二九年四月。直葛爾Tegral 有莫大之佇米所。為政府軍所燒燬。先是一爪哇人稱為哇爾卡 Warga 者。素業販米。一日入巴達維亞市。政府軍以其形跡可疑而捕之。訊問之下。得知馬礁攬大軍。陸續出發。彼以直葛爾為糧站。準備充分之糧米。彼得君氏乃直搗其佇米所而燒棄之。馬礁攬大軍到着後。困於糧食之缺乏。荷蘭人又強烈迎擊。印度參議會委員安多尼・番里曼氏 Antoie Van Diemen 自立陣頭督戰。破壞敵人壕塹。敵軍曠日持久。糧食缺乏益甚。加之病疫死亡。遂自行退却。爪哇雄國之馬礁攬由

彼得君氏總督之銅像

茲遂漸次趨入於凋落之機運。

荷蘭人對馬礁攬之戰。損害甚大。彼得君氏戰時中已罹病。而猶前敵指揮。傾全力以防守城塞。實可稱爲萬人之敵。彼得君氏着着奮鬥。病勢加篤。至九月二十日夜。遂盡瘁而死。戰時中教會燒於兵火。乃以其亡軀葬於市廳。

勇猛果斷之健鬥家彼得君氏。爲東印度創造之偉人。東印度羣島荷蘭勢力之確立。其功績爲人人所共認。巴達維亞設立以來。於茲已三百餘年。其建設者彼得君氏之銅像。亦巍然而長存。吾人今日驅車過市時。猶想見其叱咤風雲之氣概。

第十三章　總督安多尼番里曼氏時代

安多尼・番・里曼氏總督由一六三六年至一六四一年。爲東印度公司全盛時代。印度政策各種事業。呈大大的發展。番里曼氏負非凡之手腕。彼實一政治家。先爲戰士。爲提督。同時亦爲商人。彼之劈頭行政。卽注力於巴達維亞市之改善繁榮。不獨爲通商並政治之中心。且爲模範的殖民地。市之週圍一帶。獎勵中國人之農工業。而住居家屋等。悉效歐風。開鑿格羅谷 Kerekot 及安格 Angke 等運河。全巴達維亞市與本國菴士特登姆相髣髴。一六三九年。設立孤兒院。又建築荷蘭教會。一六四二年設拉丁語學校。市公會堂。市外園遊地等。他方獎勵歐洲人之移住。當時全市人口九千人。其中荷蘭人有三百人以上。惟巴達維亞地方之不健康。乃其唯一之缺點。番里曼氏事業中之著名者。彼以東印度公司之十七人監督會議、總督等歷來所發出各種法令。蒐集整理。編成一書。所謂巴達維亞律令 Bataviasche statute 此書完成後。遂爲以後永久的印度法典。

番里曼氏一方銳意於內治之行政。他方努力於外治之應付。摩鹿哥島問題卽其一。東印度公司在摩鹿哥島之通商獨佔。安汶及摩鹿哥土人之生活。蒙其不利影響。漸次釀成反對通商獨占之氣分。且土人等求損害之補償。多犯祕密通商之罪。東印度公司對於土人利益之考慮。不如其自己通商上利害之重視。旋以奪回特那特島土王權力之故。而反抗以起。各地有不穩之象。番里曼氏自赴摩鹿哥以鎭壓叛亂。彼之正當的强硬政策。遂以奏效。一六四八年以後。秩序完全回復。外治問題之又其一。卽與葡萄牙人之關係。葡萄牙人乃東方政策之先輩者。荷蘭爲其後起的勁敵。一六三二年。錫蘭島土王拉惹新卡 Radjah singa 之領土。爲葡萄牙人所侵入。乃求荷蘭人之援助驅逐。東印度公司應此要求。命提督衞士特爾呵爾氏。Westerweldt 於一六三八年驅逐之。其報酧。卽東印度公司有肉桂專賣權。及在笨特士底卡爾 Punts de Gal 獲得建設堡壘之特許。葡萄牙人通商之中心在馬拉甲。東印度公司突然對此葡萄牙人通商之中心地。加以迫脅。派遣艦隊遊弋於馬拉甲海峽。以伺機會。一六四〇年。得柔佛國王之後援。大舉包圍馬拉甲市。奮戰之後。於一六四一年奪取成功。馬拉甲之喪失。爲葡萄牙人致命的打擊。東亞細亞及外印度葡萄牙屬領唯一之連絡。爲所遮斷。且馬拉甲之通商勢力入於巴達維亞之手。尤與荷蘭以非常之利益。一六四〇年。歐洲變局。葡萄牙離西班牙而獨立。一六四一年。乃與荷蘭締結十年和平維持之協定。關於印度實無何等之理解。妥協兩國之印度政策。仍不免衝突。東印度公司對於葡萄牙人勢力範圍外印度之哥羅曼特爾 Coromandel 及馬拉麥爾 Malabar 地方。步步進迫葡萄牙人東方勢力之凋落。就中以馬拉甲之喪失爲最顯著。

東印度公司攻取馬拉甲

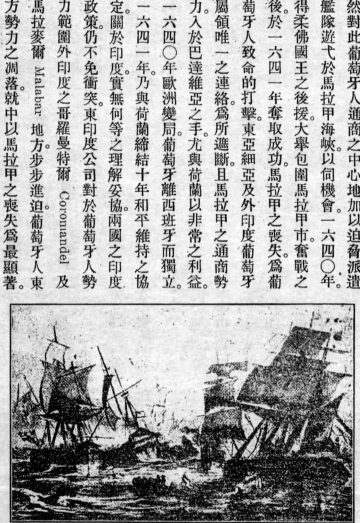

而荷蘭得之乃益發展其勢力。自馬拉甲奪取後。印度諸王侯。對於東印度公司。咸存畏敬的印象。馬礁攬國王蘇蘇夫蘭之關係。尤顯呈變化。馬礁攬國王自一六二九年攻擊巴達維亞失敗後。猶誇雄於爪哇。對東印度公司。常出以反抗的態度。禁米之輸出。巴達維亞。東印度公司。摩鹿哥島及其他地域。常苦糧食之缺乏。爪哇北海岸之通商。亦受其妨害。馬礁攬國王與葡萄牙締結協定。約爲相互的援助。自葡萄牙人勢力失墜後。番里曼氏對馬礁攬國王。出以强硬態度。以抑制其驕傲。當時東印度公司幹部之土人政策。皆抱溫柔的和平主義。蓋董事等暗於印度之實情。但以土王國馬礁攬占爪哇之優勢。有維持關係之必要。以期舉得通商上之利益而已。然以荷蘭政策和平之故。土王等益形驕傲。而招來不利之結果。自荷蘭奪取馬拉甲後。馬礁攬國王。對東印度公司之態度。爲之一變。蘇蘭亞卿之子。就馬礁攬國王位。號稱安蒙古辣一世。Amangkoerat 於一六四六年。與東印度公司締結和親協定。凡從前之俘虜。互相引渡。又一方對第三者開戰時。他方必與以援助。東印度公司每年仍派遣使節於馬礁攬國。今後荷蘭人不復侵奪爪哇土人商業。爪哇人亦不得在摩鹿哥、安汶、曼礁、特那特、馬拉甲等處。侵奪荷蘭人商業。爪哇人欲往上述等處者。須先經東印度公司之許可。

曼丹國不尊重一六三三年東印度公司與摩鹿哥諸島土人所結之通商協定。因此而至開戰。曼丹市爲荷蘭海上之船所封鎖。其通商漸次衰微。至一六四五年。始出以妥協。事實上東印度公司實占勝利。由茲東印度公司遂與爪哇二强國立於同等之地位。爲彼等所公認。

葡萄牙人之日本通商開始於十六世紀之頃。初時舉得相當之成績。基督教傳教。依佛蘭西古士・薩衞里士 Jezuiët Franciscus Xeverius 之活動。亦告成功。然至一六二四年以後。卒生反動。將軍家光之治下。對於基督教加以壓制。蓋當時日本人疑葡萄牙人有侵略國土之野心。禁異教者在國內之居住。一六二八年荷蘭人來日本通商。適逢日本之排外政策。僅得例外之特許。居住於出島。全然與長崎市分離。基督教儀式。一切禁止。船舶在未出航之停泊中。解除武裝。是故日本人之國情。外人頗難於窺見。總督番里曼氏。乃向中國通商。一六四一年設立多數事務所於台灣。荷蘭人自入台灣後。中國大陸之通商。逐漸成功。

荷蘭人亞麥爾・打士曼氏。Abal Tasman 受總督番里曼氏之激勵。遂作有名的探險旅行。而有紐西蘭 New Zealand 及打士馬里亞 Tasmania 等之發見。復從事於澳洲大陸各地之調查。當時荷蘭人即稱澳洲大陸爲新荷蘭。

番里曼氏以一六四五年歿。其後繼任總督爲哥尼里士氏。Cornelis Van den Lijn 一六四五——一六五〇年。又繼任者爲萊茵尼士氏。Karel Reiniers 一六五〇——一六五三年。

此短期中又有特那特及安汶叛亂之事。摩鹿哥之監督翁士芬氏。Arnold de Vlaming de Ondohon 爲香料價格之維持依東印度公司之方針。對於香料之栽培極端干涉。若栽培量過多時即拔除其香料樹。加之、丁香產地之安汶島肉荳蔻產地之曼礁島設立栽培許可之規則。多數土人惟一之生活陷於困窮。遂釀成叛亂。東印度公司嚴爲取締派遣軍艦巡邏監視。處土人犯罪者以嚴刑。

一六五二年。總督萊茵尼士氏時代之事件。又有好望角殖民地之新開拓。先是荷蘭人里麥氏 Jan Van Riebeek 承菴士特登姆商業會議之命。於一六五二年獲得好望角殖民地。是爲東印度公司自創之唯一殖民地。天產豐富之好望角其氣候之溫和與本國相似。從事於本國印度間長途之航海。以此爲最佳之休養所。且爲病人最好之保療地。歐洲人陸續移住而來。牧畜農業漸次發達。然東印度公司之殖民政策。對此新開拓之殖民地不克永遠獨占。是爲荷蘭百年大計之遺憾。

一六五三年。萊茵尼士氏死。繼其任者。依印度參議會之議決任命馬特蘇・圭爾氏 Jan Maetsuyker 爲總督彼有爲之士。亘二十五年。負東印度統治之重任努力以完成東印度之殖民事業。

第十四章　十七世紀中葉之東印度公司

馬特蘇圭爾氏就任總督之際。東印度公司所有之領土。有如下列。巴達維亞市、及其外圍。摩鹿哥羣島、中安波島、及曼礁島馬拉甲市、及外圍一帶。此外錫蘭島之笨特士底卡爾、Punts de Gal 尼岩摩。Ngombo 外印度之哥羅曼特爾及馬拉麥爾之海岸一部份等。此等之屬地。可謂爲東印度公司勢力之範圍。依印度諸王侯之協定。設立多數商館及事務所於羣島之主要地域。其通商勢力。且遠及亞拉伯之靡卡、Meka 波斯灣海岸、孟加拉、暹、台灣、日本等地。爲東印度公司最隆盛之時代。同時並舉得巨大之利益。公司之董事等。一躍而爲富豪。一般股東。每年平均受有百分之一二·五之配息。一六四二年高至百分之五十。當時荷蘭之股票交易所。東印度公司股票市價異常昂騰。一六三〇年至一六五〇年間。常値票面額之三倍乃至五倍。東印度公司在通商獨占上抱廉買高賣之主義而成功。例如摩鹿哥島東印度公司買入之價格。肉荳蔻每磅七十五仙。丁香每磅二十仙。其在荷蘭賣出之價値。各各約有三百五十仙乃至十盾之規定。東印度公司印度貨物專賣制之堅持。果然舉得最優之成績。若今後出以自由通商政策。能否舉得更大之利益。洵爲一大問題。故彼得君氏曾以自由通商之提案。促當局之反省。番里曼氏亦體彼得君氏之意。於一六四〇年提出同樣之建議案。

實際東印度公司之董事等。暗於印度情形。仍固持其保守之主義。

東印度公司創立初時。業務並財政上皆守祕密主義。致招世人之疑惑。非難之聲日高。一六四七年公司章程之修改有以後每四年提出一回算明書之規定。然實際并不實行。徒屬空文。荷蘭國務總會。對東印度公司之監督權。亦屬有名無實。東印度公司董事等土人政策之謬誤。常保守妥協的和親汲汲以獲得數目的利益。與巴達維亞當局之意見常相分離。例如馬礁攬國問題。巴達維亞政府主張用强硬手段。而董事等則採用溫和優柔的政策。馬蘇特圭爾氏總督就任前。一六五〇年。依東印度公司政策之聲明制度之統一之目的。而發佈其統治之新誥諭。從來之斷片的不規則之指令。一律廢止。新誥諭內容。其主要之點如次。

東印度公司。基於創立之主旨根本目的在商事上之協力聯合。以對抗印度市場之競爭者。立於廉買高賣主義之下而活動。總督負印度統治之責任。有六人之正委員、及三人之準委員、組成之印度參議會。以爲之助。印度參議會首席委員。當通商業務記賬監督之任。總督對於東印度公司員役。有任免權。惟司法官、印度參議會委員、宣教師等之任免由十七人監督會議司之。總督依印度參議會之諮問。有特赦權。司法權與總督之權限分離獨立。由巴達維亞司法局專司之。然爪哇以外之地域。總督亦得使行多少之司法權。關於輕微罪犯。由各地商館之參事會處理之重大罪犯。則解交巴達維亞司法局之手。
東印度宣教師。爲荷蘭本國所認可。立於國教獨立之地位。東印度之官吏。亦有參與宗教者。然荷蘭殖民政策。不以傳教爲重要目的。此點與葡萄牙人宗教政策。全然不同。故葡萄牙人失敗。而荷蘭人成功。觀荷蘭人之佈教。土人歸依於基督教者甚少。葡萄牙人所領之地域內。土人大部份皆改宗者。

次再就當時東印度公司員役之進退生活等述之。東印度公司員役等。皆有五年期間傭雇之契約。由本國派遣而來。故日後東印度官吏。皆以五年爲任期之單位。最初五年勤務終了後。再行賡續勤務時。得增給辛俸。幷陞進其階位。若勤務成績平常者。五年期滿。卽遣回本國。雇傭之初。先爲員役習徒。後來印度充當簿記生。商人。或進而爲經理人。經理人須經一定地域之監督官。或大商館館長所任命。東印度公司員役之俸給無多。習徒十盾。乃至十二盾。商人五十五盾。經理人七十五盾。總督月給一千二百盾。又交際費機密費八百盾。然下級員役所定之月給。尚不能全額入於其手。蓋四分之一爲被服費。又四分之一爲保證金。此員役俸給之低廉。東印度公司。遂不免弊害之發生。員役等舍其歐洲本國奢侈之生活。而來此異境萬里之瘴地。自然非彼等所樂。於茲員役中。大部份利用其地位。破壞禁制。以謀私腹之肥。或爲個人祕密之通商。或朦混公司所有之貨物而出於盜賣。彼等員役。大都屬於無能之冗員。蓋當時荷蘭人人思作東印度之行。以期容易致富。又董事幹部等友人親戚。夤緣而來者。在所不免。此輩皆高據無益之椅子。受高額之酬報。爲東印度公司之寄生。當時荷蘭人有嘲詞曰。「東方印度乃監獄之感化院」云云。誠非過言。

個人通商之禁止。上述一六五〇年之新誥諭。特再嚴重規定。元來個人通商。爲東印度公司根本主義不寬容之點。員役等對此禁制。須立誓遵守。事務所內。復以其要領。鐫爲座右銘。立於衆目環視之場所。爲當局防遏之苦心。一六五八年。此禁制步步嚴酷。而惡弊仍依舊叢生。高級之員役。亦不免有同樣瀆職之事。

荷蘭人之居住。多在海岸地域。此等瘴疫之地。死亡率非常之高。就中設備不完全之兵士生活。尤屬慘澹。本國派遣兵隊。航海中途。幸無事而到着於印度。到地後乃罹病疫以陷於死亡。有時派遣軍隊全部。一年內死亡殆盡。乃最可悲可驚之事。東印度公司乃轉募自由土民Orang Mardika 當兵。當時土人有奴隸與自由民之分別。東洋人亦許編入補充。當時日本人當兵者頗得聲譽。其後以日本本國排斥歐洲人之故。東印度公司嚴禁日本人入伍。歐人兵士。有職藝之教育。一面與以市民權之保證。爲人人所歡迎。東印度公司所有之船舶。多數屬於軍艦。一部份專在印度諸地方貿易。一部份用於巴達維亞與荷蘭本國間之交通。荷蘭航海之船大抵八艘十艘組織爲一隊。其航行之定期由巴達維亞歸航荷蘭每年兩回。十一月及二月。而由荷蘭來航每年三回。四月九月十二月。

第十五章　總督馬蘇特圭爾氏時代

東印度公司內容既如前章所述。茲就馬蘇特圭爾氏總督時代。東印度公司在爪哇以外之印度各地之發展而述之。

一六五六年。東印度公司派遣遠征隊於錫蘭島。以與葡萄牙人爭。一舉而奪取哥朗霧。最初目的。祇以應土王拉惹新卡之求。其後征服哥朗霧後經大王之引渡。遂取而爲自己之根據地。一六五七年。里羅哈・番・君士氏 Rijklof van Goens 遠征外印度。驅逐葡萄牙人於錫蘭島。佔領哥朗曼特爾及馬拉麥爾之城塞。錫蘭島無復有葡萄牙人之踪跡。尼卡巴丹馬 Negapatnam 亦爲東印度公司所領。其馬拉麥爾胡椒名産地之中心。錫蘭島肉桂通商之實權。皆入於東印度公司之手。一六六一年。荷蘭與葡萄牙人之間。和約成立。爾後葡萄牙人無再受迫壓之事。然荷蘭人已無他求。實際幷不感受此和約束縛之痛苦。

一帆風順之東印度公司。中途不無蹉跌。中國滿洲帝王之朝。對於前明帝之腹心。嚴加追逐。

此清帝所追逐之一人。有明臣鄭國勝。率其殘部二萬五千人以上之兵力以攻臺灣。占領其大部份地域。多數之土人。少數之荷蘭人。受其蹂躪。荷蘭人據其唯一之「西蘭蹈」城寨。勇猛抵禦。形勢日非。其監督哥耶氏 Coyet 幾度遣使求援於巴達維亞政府。然卒以鞭長莫及。爲鄭軍所奪取。此短期開拓之臺灣喪失後。東印度公司在中國大陸之交通。大蒙打擊。

一六五九年。蘇門搭臘之巴南夢王。與東印度公司之間。發生葛籐。蘇門搭臘東海岸一帶。遂與東印度公司以造成根據地之機會。結果巴南夢王允許東印度公司築造堡壘。且每年以一定量之胡椒。納於東印度公司。蘇門搭臘島最有勢力者爲亞齊國。就中以伊士干禮爾·巫礁 iskander Moeda 王由一六〇七年至一六三六年爲最盛時代。其勢力及於蘇門搭臘西海岸茵多拉普拉。indrapoera 自伊士干禮爾·巫礁王歿世後。其王妃掌國政。土人不滿意其設施。國勢漸傾。無復昔日之威望。東印度公司善爲利用。通於此等不平黨之人。以扶殖其勢力。一六四六年。蘇門搭臘之網加地方。有豐富之金類礦脈。東印度公司於期望之下。而開始活動。設立商館。一六六七年以鎭壓土人不穩之名。又入踞日里地方。

此時婆羅洲之交通。亦有多少通商之發展。一六六九年以後。東印度公司之於婆羅洲。已有一時納於掌握之勢。

同時望嘉錫地方又起紛擾。望嘉錫莪哇及礁羅 Talo 之王侯。咸擁戴哈山於珍(莪哇國王)爲首。而爲反抗東印度公司之運動。以望嘉錫爲中心。常對摩鹿哥之香料通商。加以威脅。彼等唆使摩鹿哥土人叛亂。土人犯罪而逃來望嘉錫者。爲之庇護。東印度公司。對此望嘉錫英國人葡萄牙人丹墨人等各設有商館之勢力混雜中。欲以抑制哈山於珍之運動。殊費苦心。一六六一年。東印度公司以哈山於珍不履行一六五六年條約爲詞。決取强硬手段。由敏腕家哥尼里士・什彼里曼氏將軍。

和蘭什彼曼將軍與巴拉卡士王聯合攻取望嘉錫
圖中居右者卽巴拉卡士王

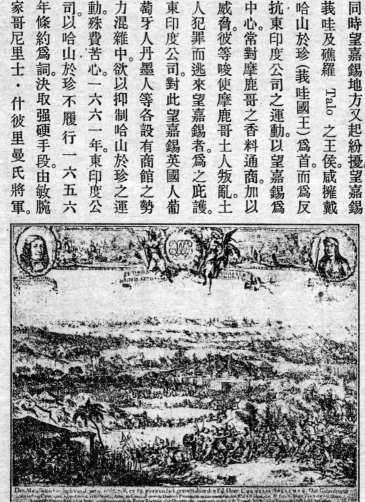

Cornelis Speelman 率一大艦隊向望嘉錫而征服之。什彼里曼氏與巫凝尼人、及巴拉卡 palaka 之土王。以征伐哈山於珍之事。結爲攻守同盟。巴拉卡土王。以自國爲哈山於珍所蹂躪。而屈爲望嘉錫之屬領。且彼之父祖父皆爲敵酋所殺戮。因此蓄怨。而結托於荷蘭。不勝敵愾同仇之憤。什彼里曼將軍遂破敵之陸軍於巫東島 Boeton 又擊破敵之海軍。進攻望嘉錫市。一舉而佔領之。一六六七年汶卡耶 Boengaja 條約成。(汶卡耶在望嘉錫之南)依此條約。哈山於珍承認東印度公司爲望嘉錫義哇之保護者。且放棄佛羅禮士 Flores 及森麥窪 Soembawa 之屬領。又有承認東印度公司望嘉錫之通商獨占權。其他歐洲人除外之規定。

荷蘭在西伯里島統治事業之基礎。由茲造成。東印度公司在望嘉錫貨物輸出入。獲得免稅之特權。市上一部份立於其直接支配之下。荷蘭城塞以外。全部解除武裝。哈山於珍又賠償奴隸一千人。戰費二萬五千亞里爾。提供於東印度公司。彼攻守同盟之巴拉卡土王。東印度公司封爲莫尼 Boni 國之王。由是哈山於珍敗。而莫尼國興。

其時除婆羅洲外。東印度公司已握有東印度羣島之主權。摩鹿哥一帶、他國之競爭者。殆有漸次殲滅之事勢。

第十六章　馬礁攬及曼丹二土王強國之凋落　（其一）

一六四六年。東印度公司與馬礁攬國王安蒙古辣一世 Amongkoerok I 締結條約。從前兩者間之糾紛中止。得充分之小康。一六五二年此締紐更新改訂。以芝大魯姆河 Tji Taroem 爲兩國之境界。從前渤泿安至南印度洋地域。未明確之界線。由玆而定。

東印度公司。在爪哇與馬礁攬及曼丹二土王國。立於比肩之地位。已爲人所公認。而馬礁攬國。常以第一位國自居。故一六四六年條約中。仍有要求東印度公司、每年派遣使節、向馬礁攬國王表示敬意之事。東印度公司以此等土王之自負心。依此或可得彼我關係之圓滑。同時對此庸暗之君。悉用其玩弄懷柔之政策。番芬士氏被膺使節數回。卽其玩弄政策之成功者。彼土王如何昏昧愚蠢。早爲番芬士氏 Rijklof Van Goens 窺破。番芬士氏在卡爾礁。以一種不可思議之樂器。獻之土王。博得土王無上之歡心。或時以其部下之奇術師二人。於土王之前。演出種種游戲手技。此不可思議之魔術。王且躭此爲樂。此種玩弄之故事。至今尚傳爲笑談。

安蒙古辣一世。不獨爲蓋世之昏君。且爲稀有之暴主。彼對其先朝亞卿王所信用之腹心。并其家族。無罪而誅戮之。其自己之王妃死時。以百餘名之婦女殉之。又時於王城周圍之小河。流出多數人之屍骸。顧之以爲樂。此等惡魔之行爲。直與古代羅馬尼羅Nero皇帝之殘虐。同爲未曾有之暴君。國人咸惴惴不能保證其生命。人心不安。怨嗟之聲。滿於國內。其遭暴君之手而喪失生命者多數。爲社會上名望之人。或回教之僧侶。其所有通商口岸及其領土。日見損失。國中飢饉洊至。民不聊生。上至宮禁官吏。亦多離怨。其結果遂有礁魯那約約氏者。Taroenadjaja 乘機而高揭反旗。

礁魯那約約氏。爲馬渡拉島王侯。出自摩約派舊王室後裔。自稱爲真實正當之爪哇王侯。懷野望以待機會之來。礁魯那約約氏因馬渡拉人苦於土王渣拉犇岳 Tjakraningrat 之暴政。招致其黨已者。引入爲部下。當時有爪哇東方詣里西之貴族、蘇丹義理氏。Soenangiri 人稱之爲「回教之王」。以宗教的勢力。與安蒙古辣一世對峙。礁魯那約約氏復與此回教之王相結合。又其時爪哇之近海。有望嘉錫海賊之橫行。此輩海賊。擁戴蒙德馬拉娜氏 Montenarano 爲首魁。出沒於曼丹海附近。曾得曼丹國王之特別待遇。旋與曼丹王發生不和。移其根據地於東爪哇。礁魯那約約氏復得此望嘉錫海賊等之後援。聲勢浩大。其勢力殊不可侮。

礁魯那約約氏先征服馬渡拉。次即來馬礁攬國。以要求解放人民之困苦爲詞。馬礁攬國王見此勢力之大。驚駭失措。乃援引條約。乞援於巴達維亞政府。政府初以單爲國內叛亂之故。尙未應其要求。其後以望嘉錫海賊跋扈益甚。屢屢迫脅及於東印度公司之通商。從前望嘉錫土人迭次謀叛。荷蘭恐其得勢以貽己害。乃決計派遣遠征隊。當時叛軍威力益逞。爪哇北海岸一帶由中部以至東部。皆被征服。礁魯那約約氏自居於葛耻里指揮全軍。於茲巴達維亞政府。不能再出以傍觀的態度。一六七七年。什彼里曼將軍統率大兵以臨叛亂地域。總督馬蘇特圭爾氏目的僅在叛亂之平定。以保護東印度公司之利益。而什彼里曼將軍。不以總督消極之政策爲滿足。主張利用此機會積極的以擴張東印度公司之勢力及其利權。什彼里曼將軍屯營於惹巴拉。以觀馬礁攬國王之傾向而活動。一方直接與叛黨領袖。試行談判。爲礁魯那約約氏所拒。什彼里曼將軍。以安蒙古辣一世之弱昧。要求戰費之賠償。領土之割讓。通

什彼里曼氏大將軍

商利權之擴大。為助平叛亂之交換條件。反之、而礁魯那約約氏乘勢奪取馬礁攬國之首都卡爾礁。摩約派傳國的黃金之冠。遂歸於其手。安蒙古辣一世。由卡爾礁出奔蒙塵。僅有少數衞兵。及其長子亞里巴底・亞娜姆 Adipati Anom 隨護。向直葛爾出走。以受東印度公司之保護。中途而斃。其遺軀葬於直葛灣疑地方。 Tegalwangi 亞里巴底亞娜姆嗣安蒙古辣一世之後而登位。稱為安蒙古辣二世。其弟安詣攬・普詣爾 Angeram Poeger 與爭王位。率一部之人民自立。為蘇蘇夫蘭。未幾而礁魯那約約氏死。馬礁攬秩序回復。新王當赴惹巴拉求東印度公司保護。旅行中與什彼里曼將軍會見。結立條約。其重要事項如左。

第一　東印度公司。承認安蒙古辣二世為馬礁攬國正當合法之王。

第二　東印度公司。得於馬礁攬全國通商自由。且得於南夢 Rembang 築造船渠。

第三　東印度公司輸入馬礁攬國之貨物。全部免稅。

第四　東印度公司境界。得擴張至卡拉灣、 Krawang 及勃浪安之一部茵德南馬由河 indramajoe 沿線。

第五　三寶壟市及其外圍地域。為東印度公司所屬領。

第六　馬礁攬國王。應賠償戰費於東印度公司。以全部海岸地為擔保。

總督馬蘇特圭爾氏及印度參議會委員之多數。對於什彼里曼將軍與安蒙古辣二世之間。成立此條約。不甚同意。蓋什彼里曼將軍之行動與總督所採之溫和政策相反。且條約之內容。對於馬礁攬國好意之乞援。有近於要挾意味。安蒙古辣二世之形勢。仍未可樂觀。礁魯那約約之殘黨。尚得維持其勢力。

此馬礁攬國之內亂。有詣里西一僧侶之關係。既如前述。安蒙古辣二世與異教之荷蘭人。締結此屈辱之條約。實對於天帝爲背信。回教徒土人等。遂憤起而大唱保護回教論。以反對新王。巴達維亞政府見此馬礁攬不穩之象。仍堅持其消極之政策。無論其根本方針固抱平和主義。且其時適値本國和蘭共和國一六七二年以來。不斷的戰爭。到底於東印度公司之印度事業。亦無援助之餘力。曼丹國乃窺破此事而再揭反旗。

第十七章　馬礁攬及曼丹二土王强國之凋落　(其二)

曼丹國次於馬礁攬而同爲爪哇之雄國。東印度公司欲與曼丹國永久維持其和親之關係。殆爲事之不可能。一六五二年。兩者間所協定以芝蘇大尼河 Tjisoedani 爲領土之境界。曼丹竟屢屢超越此境界而侵入東印度公司之領土內。一六五六年搆兵。一六五九年復搆和。而仍無眞正和親之實現。當時曼丹王亞巫爾・華打 Aboel Fatah 普通稱爲亞卿王。與安蒙古辣爲相似之野心家。常抱統一全體爪哇之夢想。確有不可侮之勢力。如斯野心勃勃之土王。與東印度公司屢屢衝突。實爲東印度公司印度事業最大之障礙。彼等見此異教徒勢力之發展。不勝憤怒。曼丹國爲對抗東印度公司之策。旣努力以充實自己之勢力。復舉各種利權。以與英國人丹墨人法國人葡萄牙人之有力競爭者。誘入於曼丹之港。以牽制荷蘭人。望嘉錫人之叛徒。不履行卡汶耶條約。皆曼丹王有以煽動之。馬礁攬國之礁魯那約約氏叛亂。曼丹王視爲宿望實現之機會。彼見馬礁攬國因內亂而失威望。竊以爲喜。暗地援助礁魯那約約氏之謀反。安蒙古辣二世卽位時。又承認其合法。東印度公司受曼丹國之迫壓。對付頗費苦心。因爲曼丹通商。有英國人法國人之間接關係。當時歐洲國際外交場中。荷蘭立於困窮之地位。實際、東印度公司欲獨力以抑壓曼丹。殊難自信。巴達維亞政府在此時局中。決不能泰然安枕。

一六七八年總督馬蘇特圭爾氏死。番芬士氏 Rijk loff van Goens 繼任。番芬士氏以爲東印度公司欲破壞曼丹王征服爪哇之計畫。應先從扶助馬礁攬國入手。當時什彼里曼氏升任爲總監督。與巴達維亞政府政策融合。旣然直接攻擊曼丹。東印度公司當時兵力有所未及。印度參議會乃決定先平定礁魯那約約氏之叛亂。再擁立安蒙古辣二世爲王。以期間接的破壞。一六七八年。派安多尼哈拉特氏 Antonio Hurat 及馬爾珍氏 De St. Martin 二人。統率陸軍。向爪哇中部進發。然又恐巴達維亞守備空虛。爲曼丹所襲。政府乃請莫尼國王亞魯・巴拉卡。Aroe Palaka 出兵以助巴達維亞之守備。莫尼國王當望嘉錫之亂時。得東印度公司之援助。又封爲國王。知恩圖報。遂欣然應召而至。巴達維亞政府乃無後顧之憂。得注全力於爪哇東方之活動。

東印度公司討伐軍自惹巴拉屯營出發後。不少困難之點。何者、爪哇之內地荷蘭軍地理上多所未詳。而糧食之供給。亦費苦心。加之、多數之土兵。罹於病疫。哈拉特將軍苦戰惡鬥。繼續進兵。於一六七八年八月頃。集中於丹古爾・安垠地方。Tanggoel Angin 十月十二日渡勿壟達士河。十一月十五日遂奪取礁魯那約約氏根據地之葛恥里。礁魯那約約氏脫出。其所得之摩約派國相傳之王冠。爲哈拉特將軍所奪回。一六七八年十一月二十七日。馬礁攬國王安蒙古辣二世。盛張儀式。以迎此傳國之聖冠。於哈拉特將軍之手。由是叛亂稍稍鎭定。馬礁攬國依東印度公司之盡力而得安。其首都卡爾礁兵燹之中。受亂徒之蹂躪。荒廢慘憺。無復昔日之繁榮。安蒙古辣二世乃別構王宮於呵娜卡爾多。Wonokerto 改名爲卡爾礁蘇拉。Kartasoera

亂徒礁魯那約約氏敗走後。復與望嘉錫人相通。續行反抗東印度公司。賴亞魯・巴拉卡部下之勇敢。再破之。礁魯那約約氏勢窮。遁於卡律 Kloet 山窩被捕。遂引渡於安蒙古辣二世之手而殺之。望嘉錫海賊。從茲歛戢。詣里西之僧侶亦被捕而處以死刑。馬礁攬國完全恢復其安寧之秩序。然從此王位之維持。必仰鼻息於東印度公司之勢力。

次再就曼丹問題勢力述之。番芬士氏永永盡力於曼丹問題。以病弱不勝重任。爲理由。一六八一年辭職歸國。其後繼任總督爲什彼里曼氏。由一六八一年迄一六八四年。膺東印度統治之重任。適值曼丹國之紛爭又起。曼丹國之習慣。國王須以其主權之一部份。割與於王子。爲其傳統的奇習。亞卿王以一部份之國政。委於其子亞巫・卡哈爾氏。Aboel Kahar 乃得有蘇丹哈字 Sultan Hadji 之名。同時王子舉行其感謝式。出巡展禮於亞拉伯靡加之回教聖墓。其弟與數名貴族等。陰謀奪其政權。未幾蘇丹哈字由靡加聖地無事歸國。王宮之內。遂生變故。一六八二年。蘇丹哈字因形勢危險。乞援於東印度公司。以曼丹通商獨占之特許。爲交換條件。蘇丹哈字得東印度公司之後援。回復其勢力而登王位。亞卿王遂至屈服。爲荷蘭軍所捕。護送於巴達維亞政府。幽閉於獄中。英雄末路。老年悲慘之下。竟以一六九二年死於獄中。出殯之日。巴達維亞政府仍以王禮葬之。蘇丹哈字繼位後。對於其父王所許通商之外

近代日惹王登位時經過和蘭政府册封之圖

國人。下令驅逐。華人多移住於巴達維亞。適以促進巴達維亞之繁盛。

一六八四年。巴達維亞政府與曼丹更新締約。以芝蘇大尼河沿印度洋線爲境界。又曼丹及其屬領蘇門搭臘島之南榜士通商。爲東印度公司所獨占。因此條約之結果。從前曼丹在井里汶之勢力。槪歸銷滅。英國人所根據蒙古粦之地。以窺伺南榜士者。亦決然捨去。以後曼丹國政。操縱於巴達維亞政府之手。井里汶王侯。前爲曼丹藩屬者。相繼而歸順。至此而東印度公司之勢力。遂佈滿於爪哇全島矣。一六八一年間。特那特土王西摩里 Sibori 曾一度謀叛。旋爲東印度公司所壓定。土王被捕。送於巴達維亞。一六八三年締結條約。承認其國土爲東印度公司之屬領。此後摩鹿哥羣島一帶。暫時無何等問題發生。

第十八章　總督約翰甘彪士氏與爪哇王位承繼之戰爭

總督什彼里曼氏之活躍。對於馬礁攬及曼丹問題。其剛勇果斷之行動。常佔東印度公司之機先。不愧爲名將之手腕。然名將軍未必能兼名政治家。什彼里曼氏之政治手腕。到底不脫武人之態。彼之死後。其失態曝露。其施政缺乏統一的組織的定見。無論如何重要問題。并不諮詢印度參議會。而獨斷獨行。全然屬於無方針的政治。彼之過失。如印度參議會議事錄之保存。土王等之外交重要文書契約書。其他之重要書類。四散分失。皆其疏忽之表徵。印度參議會之一委員。基其職權。於什彼里曼氏未死之前。已致書於本國董事部。詳陳總督政治之紊亂情形。加之當時東印度公司之風紀。廢弛實甚。不法私肥之行爲頻出。到底難以放置。董事部乃施行嚴厲檢查。以期振肅紀綱。一六八四年。派遣里特氏 Hendrik Adriaan van Rheede 及靡里企卿 Heer van Mijdrecht 二人爲監督檢查官。靡里企卿歷訪各地商館事務所。觀察其業務情態。摘發一切奸譎欺瞞背瀆之弊。不良之員役。罷免解職。此根本的檢查。期以短日月而竣事。靡里企卿於執行任務之中。不幸於一六九一年中途而斃。彼所抉出的弊竇。正努力於根本的廓清。其死也實東印度公司之大不幸。什彼里曼氏之秕政。應負賠償之責任。董事部等於彼之死後。沒收其遺產約百五十萬盾。以備抵償。

一六八四年。任命約翰甘彪士氏 Johannes Comphuijo 爲總督。氏爲一銀行業者之子。初任東印度公司書記。旋升爲經理人。駐日本數年。更被選爲印度參議會委員。得膺總督之榮職。彼之行政。異於前總督什彼里曼氏。彼爲一純潔之士。酷愛科學美術。嘗自執筆著述「巴達維亞史」。又援助宣教師甘甫爾氏、Kaempfer 及醫士藍夫伊士氏、Rumphuis 等學者之著作。藍夫伊士氏所著之「安汶好奇總覽」、Amboinoche Rariteis Kamer 及「安汶植物誌」 Amboinoche Kruijtboek 等書。爲有價値的大著作。

前總督時代戰端相續。人不安業。甘彪士氏總督。採用和平的政策。正在息兵休養之中。忽然又有蘇拉巴底 Soeropati 之叛亂起。蘇拉巴底氏初出於峇厘島之奴隸。後編入東印度軍隊爲兵。升至峇厘軍少尉。彼憤怒同僚平時之凌辱。曼丹之戰爭中。常左袒於亞卿王之徒黨。以圖復讎。曼丹和議成立後。彼自身率其部下流浪於渤泯安地方。掠奪良民。威脅人心。巴達維亞政府以兵力討之。遁走於馬礁攬國首都卡爾礁蘇拉。馬礁攬國王。蔑視東印度公司條約。竟收容蘇拉巴底於王宮。而爲之庇護。總督甘彪士氏派達氏 Tok 少佐爲代表。向馬礁攬國王要求非國事犯蘇拉巴底之引渡。并責令戰費賠償交付之履行。達氏少佐。於礁魯那約約氏叛亂之役。轉戰各地。以驍勇著名。彼到着於卡爾礁蘇拉時。馬礁攬國之爪哇兵。與蘇拉巴底之峇厘兵。發生衝突。達氏少佐帶其手兵以鎭定之。不幸於混戰之中。其自身及十七名荷蘭兵。爲亂軍所刺殺。馬礁攬國王致書巴達維亞政府。表示弔意。并謂其自國之內亂。有多數之戰死者。實堪哀悼云云。既然巴達維亞政府蒙此不利。馬礁攬國王如斯好詞慰解。其中必有隱伏事情。遂細心注意於馬礁攬國王之眞態度。果然右之馬礁攬兵與蘇拉巴底部下之衝突。全爲誘殺荷蘭軍之苦計。其後安蒙古辣二世。受蘇拉巴底之迫脅。求援於巴達維亞政府。遂爲政府所拒絕。蘇拉巴底自受馬礁攬國王庇護以來。得多數之黨已者。維持其勢力。

乃離卡爾礁蘇拉。而入東爪哇之巴蘇魯安爲中心地。漸次發展其勢力於馬壟 Malang 及葛恥里。建設小獨立國。馬礁攬國王養虎貽害。常常受其迫脅。同時爪哇回教徒之反歐運動。亦漸漸顯著而來。前時幾度回教士人。企謀反抗歐人。此次乃比較上有多少的組織。播滿於各地。就中以巴達維亞、曼丹、井里汶等爲主要地域。回教徒等對異教徒。呼之爲卡非爾。Kaffir 卽不信任者之意。彼等從事於歐洲人殲滅之煽動。高揭其示威文書。以添氣勢。其文書用一種奇怪不可解之文字。初時無何人能解識之者。此運動之首魁。乃出於蘇門搭臘之回教信徒之馬來人、名伊曼・伊士干麥爾。ibn iskanlar 自稱爲歷山大王之末裔。彼有不可侮之海軍力。一六八六年。東印度公司派隆忒氏 Krijn de Ronde 率艦隊破擊之。反歐運動。由玆稍熄。內有多數之曼丹馬礁攬貴族王侯等參加。同時一六八九年。安汶應援軍之指揮官、勇猛有名之絨格爾 Jonker 大尉。亦加入此回敎徒之運動。事勢又呈嚴重。絨格爾大尉反背巴達維亞政府之故。乃受東印度公司一二員役之侮辱而激怒所致。

此間甘彪士氏自乞辭職。後任總督爲維廉番於和倫氏。Willem van Outhoorn 以一六九一年就職。新總督對於外治問題。持不干涉的態度。以至一六九七年。馬礁攬國王爲蘇拉巴底黨徒所脅。向巴達維亞政府提議更新改訂同盟協定。番于芬氏總督荏苒移時。不與回答。中間安蒙古辣二世以一七〇三年死。其子嗣位爲王。稱爲安蒙古辣三世。通常呼爲蘇蘭馬士。Soenan Mas 以此通知於巴達維亞政府。

巴達維亞政府前後十數年間。總督屢行交代。一七〇四年番于芬氏以總督椅子。讓於其義子約翰番和倫氏。Joan van Hoorn 新總督無論藉其父之勢力威望。彼自身亦一新進之政治家。在此內外域多端之秋。出任巴達維亞政府之首領。可謂爲困難時代。

馬礁攬新王蘇蘭馬士。常抱恨於巴達維亞政府。而懷復讎之念。彼與其叔父班詣蘭普詣爾。始終立於反對之地位。普詣爾得多數之黨與。其背後且有東印度公司三寶壟監督官莪衞爾娜爾氏 Govert Knol 之援助。而與新王對峙。蘇蘭馬士以其叔父普詣爾爲非國事犯者。向巴達維亞政府要求引渡無效。加之一六八一年。東印度公司有可決庇護普詣爾之聲明。蘇蘭馬士乃通於蘇拉巴底。同爲反叛東印度公司之陰謀。多數之貴族等。逕擁立普詣爾爲王。稱爲巴古巫呵娜。Pakoe Boewono 而否認蘇蘭馬士之王位。於茲一七〇四年迄一七〇八年。此二人之王位爭奪。所謂第一次爪哇王位承繼之戰爭。東印度公司根據其協約。與巴古巫呵娜以多大之援助。其援助之代價。決不在少。巴古巫呵娜承認東印度公司領土之擴張。由羅沙里河 Losari 北方至吐蘭河 Donan 南方。又放棄其在馬渡拉島之蘇靡納 Soemenep 巴靡加山 Pamekasan 海口。以讓與於東印度公司。巴古巫呵娜依巴達維亞政府派兵保護之下。而入卡爾礁蘇拉。自是而後。卡爾礁蘇拉王宮。設置荷蘭衛兵。永以爲例。蘇蘭馬士去國出奔。而匿於蘇拉巴底之許。一七〇六年。東印度公司討伐軍大隊。由蘇拉末亞上陸。莪衛娜爾氏率一隊於苦戰之後。占領蘇拉巴底根據地之龐引爾 Bangil。蘇拉巴底受傷逃走。中途而斃。蘇蘭馬士走入巴蘇魯安。一七〇七年討伐軍猛烈攻擊。激戰數日。遂奪取巴蘇魯安。蘇蘭馬士勢窮而降服於莪衞爾娜爾氏之手。護送於巴達維亞政府。處以錫蘭島之流刑。至一七〇八年。漸漸回復和平。東印度公司對此王位承繼之戰爭。益益擴張其勢力。其最初東印度公司之目的。無論對此戰爭之參加。大費躊躇。而爪哇內地地理之不熟識。戰事上亦頗爲難。幸此時之從軍者。有牧師華連真氏。Dominee Valentijn 詳於地理。得非常之利益。氏著有「新舊東印度」一書。詳述東印度歷史。及荷蘭人之印度生活實況。迄今日猶膾炙人口。和平回復後。一七一二年。又有蘇拉巴底之殘黨。擡頭於東爪哇。起而爲亂。至一七一九年。乃告終熄。同年馬礁攬國王巴古巫呵娜一世死。其遺子繼位。稱爲安蒙古辣四世。別名蘇蘭勃拉巫。Soenan Praboe 其間又惹起第二次爪哇王位承繼之戰爭。此度東印度公司仍左袒於安蒙古辣四世。極力保讓彼之王位。其反對黨前王之遺子。及其主要人物。或敗或捕。分別處以錫蘭島及好望角殖民地之流刑。

巴達維亞政府之外治政策。外觀固然保守溫和。持消極的態度。乃出於東印度公司本國幹部之方針。而其事實全然相反。如上述之馬礁攬國王位承繼二回之亂。巴達維亞政府方略。實巧用好意之名。以操縱土王。使落入於自縛之窮地。然後以自己之權力周旋於鷸蚌之間。吾人觀其外觀似消極的因循。而其裏面乃積極的辛辣。巴達維亞政府巧妙之土人政策。誠足令人驚服。

第十九章　十八世紀初葉之東印度公司

十八世紀初期。爲東印度公司之黃金時代。葡萄牙人西班牙人英國人之競爭者。旣驅逐於羣島一帶。東印度公司商館事務所。遍設於重要地點。爪哇殆立於東印度公司支配之下。僅保餘命之土王國馬礁攬及曼丹最早獨立之領土。皆移歸於東印度公司之手。到底無再有維新之意氣。摩約派王室傳國之王冠。已黯淡無華。東印度公司在外印度亦舉得相當之成績。約翰甘彪士氏總督時代。有羅連士彼得絨格爾氏。Laurens Pit de Jongere 在外印度之活躍。利用莪爾君礁 Golkonda 諸王侯之紛爭。占領其重要都市馬蘇立攬。Masuliptnam

十七世紀末歐洲之外交舞臺。以路易十四 Lodewijk XIV 爲中心。一六八八年迄一六九七年。荷蘭英國聯合對法國之九年戰爭突發。野心家路易十四。欲防遏荷蘭印度事業之活動。派其提督洛尼士尼氏 Duquesne 統率戰艦於外印度。保護法國在笨底查里 Pondicherry 惟一之商館。然爲絨格爾氏所壓迫。目的未達而終於失敗。絨格爾氏乘勢逐退孟加拉灣附近之法國人。而奪取其根據地笨底查里。至一六九七年。荷蘭萊士懷克 Rijswijk 九年戰爭媾和條約之結果。乃復以此地返還於法國。

歷任總督所努力擴張印度事業之中心都市巴達維亞市。日益美備繁榮。世人讚爲「東方之女王。」不幸於一六九九年沙臘火山 Salak 大噴發。流入巴達維亞之芝里溫河。Tjiliwoeng 滿積灰石泥土。河流爲所阻塞。巴達維亞市惡水充溢。釀成疫病。可恐慌的熱病。蔓延猖獗。市民多數死亡。此東方女王之巴達維亞市。一朝變成荷蘭人之墓場。

年年歲歲獲得印度香料及其他珍貴之產物。船船滿載而送於荷蘭。以博巨大之利益。如入無人之境。東印度公司設立以來。百年之奮鬥。以此爲最全盛之時期。忽然此最高潮之命運。漸趨於低落。東印度公司內部之腐敗。爲其運命衰退之先兆。實際已爲識者所豫見。

東印度公司之董事幹部。澈底從事於秘密之維持。財政狀態。竟出諸意想之外。而陷入窮地。

其最大之原因。以外治政策之紛繁。經費隨之而浩大。蓋東印度公司開拓商權擴張領土之進行。有多大戰費之需要。而征服事業之守成。占領地域之防備。海陸軍之增置。在在需用巨額之設備費。加之此等領域之擴大。員役必要上之增加。決非少數。此經費之浩繁。非復印度通商之利益所能應付。東印度公司之財政。乃有仰給於國庫補助之事。而就中荷蘭輸入爪哇之貿易。殆每船皆歸損失。何者。印度土人之經濟生活。全屬於單簡低級之狀態。彼董事幹部等。暗於印度情形。每船必滿載歐洲貨物而入爪哇。土人等既無豐富之需要力購買力。結果銷化弛緩。此等貨物。遂瀕於棄置而貶價以售。總督番和倫氏再三以此真相報告於幹部。以促其反省。

東印度公司。其貿易不振之一因。既由於員役之秘密通商。此等犯禁之由來。實基於東印度公司當局者自身之失策。卽東印度公司員役報酬之給與。過於少額。彼等不能維持其奢侈之生活。乃釀成不正之行爲。加之彼高級職員。負有監視之責任。其自身亦先犯此禁制。東印度公司之船。由印度航歸本國時。表面上嚴禁積載公司以外之貨物。實際員役個人貨物之積載。幾乎無船無之。此貨物由本國同謀者賣出於歐洲市場。得莫大之利益。或時因船腹無餘裕時。無理之個人貨物。堆放於甲板之上。出帆後經好望角荒浪之來。致罹覆沒之禍。不獨貨物損失。且犧牲多數之船員。爲最悲慘之事此犯瀆之行爲。決非下級員役所可能。一七三一年總督吐爾軒氏、Durven 監督哈士拉爾氏、Hasselaar 及印度參議會之委員二名。皆以瀆職事而免黜。其餘可想而知。既然處一部份人以治罰。而全般年來之積弊。又當如何淸理。總督沙爾特哥倫氏。Zwaar de Kroon 一七一八年就任以來。出以非常强壓的防遏手段。一七二二年巴達維亞有二十六名之員役。犯竊盜及祕密通商之罪者。宣告死刑。稍收幾分之效果。其時賂賄之風盛行。法律雖如何制裁。終不敵黃白之威力。東印度公司設立初時。員役之內容。大都無能之輩。來印度後。一躍而爲富豪。高級員役等。利用其自己地位。廣事夤緣。引入此等無能之人。以擴張其勢力。如斯東印度公司。欲望其真發達。如緣木以求魚。又員役等常常强奪土人之財產。一七三〇年。錫蘭島之監督官彼得·衞士氏。Peiter Vuijst 以濫用權力及强奪財產之罪。召回巴達維亞。交法庭審問。結果罪狀明確。受死刑之宣告。其後任監督菲爾尼士氏。Verlnijs 又蹈前任者以上之犯瀆行爲。其杇敗情形。足令人驚。

東印度公司。對其領土及其勢力地域之土人。協定荷蘭以外之人。絕對不許通商。實際雖有嚴酷之制裁。仍有多數違犯者之層出。如斯土人之犯法。與荷蘭以外之人祕密通商。不獨此等歐洲外國人破禁侵入之不當。東印度公司自身亦當負其責。東印度公司實行其廉買高賣主義。土人貨物實際可賣高價者。悉爲東印度公司獨占之廉値所收買。土人等生計窮乏。不得不犯禁違約。以賣與英國人葡萄牙人。得受相當之代價。加之爪哇有數回之戰爭。美田荒廢。歲收不豐。土人等益陷於貧乏。購買力薄弱。往時東印度公司之主要輸入品。如棉布花辮等之高價物。無購買之能力。彼等乃於生活必需品之衣服等自行廉造。從事於棉花之栽培。東印度公司之輸入貿易。以土人自給自足之策劃。自然蒙其打擊。

以上所述困難之來。皆東印度公司自身所誘致。然此猶僅屬於內患之事。此外尚有重大外患相襲而來。東印度公司最大之利源。在以印度物產輸往歐洲之貿易。從前如何獲得巨利。今則往往釀成損失。何者。歐洲市場。英國人法國人等之活躍。大有昔日東印度公司獨占之夢想。就中英國自一六五一年以來。哥朗衞爾 Oliver Cromwell 之航海條例。依自國商船輸入東方諸殖民地物產。以與競爭。東印度公司之歐洲市場。着着縮小。法國自一六七二年以來之戰局多端。東印度公司之活動。受其妨礙。決不在少。

東印度公司十七世紀之末葉。每年舉得百萬乃至二百萬盾之利。迨入十八世紀而形勢一變。如上述之苦於內患外患。每年三百萬乃至四百萬盾之損失。就中且有少數年度至六百五十萬盾之巨額損失者。實情如斯。而獨裁之董事部財政狀態。猶絕對祕密。每年尚有二成及二成五分之利益分配。以維持其信用。及抬高股票之市價。遇金融不圓滑時。則舉募公司債以爲補助。一方東印度公司對於荷蘭政府所與特許權之代價。戰時中負有援助金錢或船舶於國務總會之義務。如斯年年東印度公司之負債增大。迨一七三四年。合計已有三百萬盾債額之存在。

此瀕於破綻之東印度公司。勢運之挽回。董事部幷巴達維亞政府當局。未有何等改善之方策。通商貿易之不振。其整頓善法。莫如振肅公司法規。對員役等施以嚴格監督。及努力於秘密通商之防遏。董事部之意見。乃捨此根本問題。而作枝葉之議論。根本問題之解決。卽給其員役以相當之報酬。使得充分生活之資料。且土產品之買取。與以相當市價之支付。旣可以杜絕員役瀆職之動機。而土人之生活餘裕。購買力增進。自無再冒險犯禁之事發生。巴達維亞政府。嘗以彼得君氏總督提案同一內容之印度自由通商認可之問題。重行建議於董事部。依舊受其否決。自由通商論者之意見。謂目前如斯廣大之地域。求獨占權之保護。須有多大之犧牲。巨額之經費。若許以通商自由。東印度公司自身。得運用其勢力。其費用傾全力於大規模之通商。未開拓之非洲東海岸。亦得伸手以圖發展。然董事部固守其獨占制度。對此根本改革之說。未敢輕信。仍大倡其保守論。彼等更進而厲行其嚴格搾取的政策。結果其定案出對土產品實行關珍章 Contingent 及强制引渡之政策。關珍章者。卽土人全無報酬。以一定之農產物納入。如無農產物者。得以金錢或其他器物代之。爲一種之租稅云。此僅對於東印度公司領土內之土人課之。而强制引渡。Verplichte Leverantien 則凡土人依東印度公司之契約。或以一定之價額。負有農產物供給之義務。此項價格。旣依東印度公司所制定。決非土人所能滿足。亦一名異實同之租稅。此制度施行後。土人愈落入於困窮之境。益增長其祕密通商。東印度公司取得一時之利益。而結果無異自殺。一七二五年至一七二九年間。總督特罕氏 De Haan 於各地締結咖啡强制引渡之契約。其定價非常之低。時荷蘭有名之一評論家。譏其非人道的。其詞曰。『總督如斯容易捧得數十萬盾之利益於董事部。同時受土民千萬之呪詛。』斯言誠出之事實。

東印度公司當局殖民地發展所採之政策中。最成功而爲世人所讚嘆者。莫如新農產物之介紹輸入。此舉確爲東印度公司自身及土人之利益。謂爲今日蘭領東印度之基礎。亦非過言。此點之最努力者。卽沙爾特哥倫氏。總督藍之栽培。介紹其精製法。以得良質之藍。成爲歐洲向輸出品之一。并奬勵棉花之栽培。沙曼木染料之製出。此種土產品之輸出。年年增加。就中成績最優者。尤推咖啡之培栽。咖啡自彼得勿祿氏在菲洲之摩加發見後。介紹於歐洲。

漸次爲歐洲諸國嗜好之贅澤品。東印度公司每年有約三十萬磅之摩加咖啡。輸入菴士特登姆。舉得莫大之利益。但菲洲地方之統治權。爲土耳其人所掌握。東印度公司對此摩加咖啡之收取。諸多困難。東印度公司。乃以此美味之嗜好品。移植於爪哇。最初摩加咖啡之栽培。因巴達維亞南方沙臘火山噴發。苗木枯槁而歸於失敗。第二回以後之試植。以苦心研究之結果。乃告成功。一七〇〇年咖啡送入荷蘭。爲董事部所喜悅。擴大其栽培。咖啡栽培極單簡。而價格頗不賤。總督沙爾特哥倫氏。對土人咖啡之買取。每擔給值三十七盾五十仙。是爲土

最初移入爪哇之摩叻咖啡

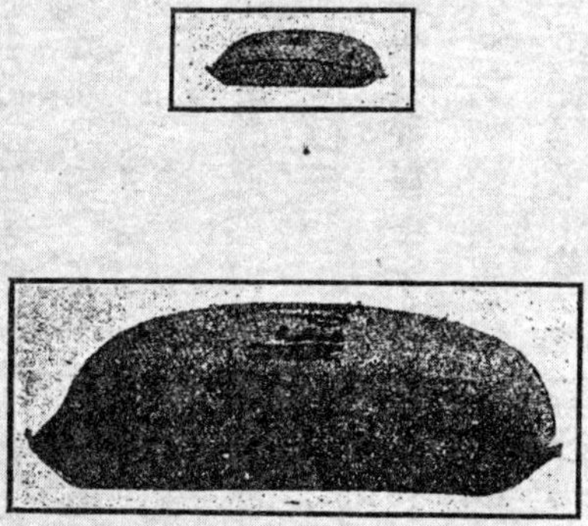

最初輸入歐洲之爪哇咖啡

人所受最良之報酬。總督亞勿拉涵・番・里默氏 Abraham Van Riebeck 卽好望角殖民地建設者之子。一七〇九年至一七一三年之時代。一七一二年初以爪哇咖啡商品送於荷蘭。隨後咖啡輸出年年激增。迄沙爾特哥倫氏再度任總督時。年額約二十萬磅。中間以十七人監督會議之命令。咖啡買取之價値。非常降下。特罕氏總督時代。一擔付値僅十二盾五十仙。土人往時咖啡栽培之利益。皆成泡影。至有砍伐咖啡樹本之事。巴達維亞政府以咖啡爲有力之利源。聞而大驚。遂設嚴禁砍伐咖啡之規定。違者處以重罰。巴達維亞政府說明其理由曰。『咖啡最先由吾人之介紹而入。爲吾人所有之財產。爪哇土人奉命栽培。與以栽培費而已足。吾人所有之財產。不容其濫伐。』云云。

蘭領東印度史

第三編　東印度公司解散時代

第二十章　瀕於鋪裂之東印度公司

第二次爪哇王位承繼之亂漸終。而巴達維亞又有所謂彼得・伊爾麥菲爾氏 Pieter Erberfeld 之叛逆事件又起。氏原德國種。生於巴達維亞市。為一混血兒。彼承有其父相當之遺產。生活餘裕。巴達維亞政府以其父財產蓄積由不正當而來。對彼得伊爾麥菲爾氏承繼人沒收其財產之一部份。官廳時加以壓迫。此事實以外。巴達維亞政府與彼之間。無其他關係交涉之事。一七二一年一月二十八日。突然有彼得伊爾麥菲爾氏之僕役。赴巴達維亞政府密告。謂彼得伊爾麥菲爾氏陰謀鏖殺荷蘭人。顛覆現政府。不日將實行。巴達維亞政府接此密告大驚。逕逮捕彼得伊爾麥菲爾氏、及其同謀者。而拷問之。結果、依其同謀中之一人爪哇土人卡爾礁・德里亞 Karta drija 所供。叛逆陰謀如次。彼得伊爾麥菲爾氏不滿意於巴達維亞政府。企圖顛覆之。一方通於蘇拉巴底殘黨。他方結托於土人有力酋長之素抱不平於荷蘭者。且煽動宗教之反抗。回教僧侶哄騙無知土人。廣布護身符。謂片紙佩帶出戰時可免戰死。誘集多數之部下。準備於一七二二年一月一日。一齊舉兵。先奪取巴達維亞。殲滅荷蘭人。然後建設新政府。彼得伊爾麥菲爾氏自為新政府首領。參謀之卡爾礁德里亞。封為巴達維亞以外地域之王。云云。巴達維亞政府。乃處彼得伊爾麥菲爾氏、及其共犯者之主要人物。以可怖的斬首之刑。然此彼得伊爾麥菲爾氏之叛逆事件。至今日尚莫明其真相。其所稱陰謀情形。僅依犯人拷問之下所供白。難以十分信用。且當時陰謀之事傳出。人心惶惶不安。巴達維亞流言蠭起。不無張大其詞。視陰謀爲重大之危險。政府不能不施以嚴酷懲治。彼得伊爾麥菲爾氏時年六十歲。其首級卽置於其住宅牆頭示衆。吾人今日過惹卡德拉街道。尚見此血腥糢糊之可怖的記念

叛逆犯彼得伊爾麥菲爾氏梟首之紀念物

品。其牆腹立有石碑。鐫文曰。『處以死刑之國事叛逆者、彼得伊爾麥菲爾氏之可怖的記念。誰人不得在此地面栽培、或建築或遮蓋煉丸、或樹物。務留永刼昭示後來。一七二二年四月十四日』云云。

一七四〇年又有中國人大虐殺事件發生。中國人在東印度之歷史頗古。葡萄牙人未渡來之先。已移住於羣島一帶。總督彼得君氏建設巴達維亞市。以中國人能力勝於土人。獎勵彼等勞働者之渡來居住。設有特別之市街區域。其後巴達維亞政府施行移民保護。中國人移住之數。益益增加。十八世紀初葉。巴達維亞市內有六萬人。市外亦有四萬人。彼等之中。大多數從事於手工業、茶栽培、砂糖栽培及其他各種之產業。多所貢獻。一部份成爲巨萬之富。未幾困難問題遂起。以獎勵中國人移民之結果。遂有無業浮浪之徒流入。平和秩序。因之而亂。一七〇六年。巴達維亞政府設定取締之條件。限制茶船載客人數。大船不得超過一百名。小船不得超過八十名。因爲中國移民。全由載茶帆船渡來。此等船每年茶之輸入。爲東印度公司所收買。輸送於歐洲。總督查里士·多菲爾 番·梭爾氏 Christoffel van Swol 一七一三年——一七一八年。從前收買之價格。每擔十五盾。突然降爲十盾。結果遂至茶之輸入通商。竟不可能。翌年巴達維亞港。無復有一艘茶船之踪跡。然中國茶之斷絕。東印度公司大蒙打擊。

嗣經總督沙爾特・哥倫氏種種努力之結果。一七二二年復有中國帆船渡來。茶之通商回復。然以中國帆船之交通。而中國人無賴之徒。渡來者日增。依照一七〇六年取締規則。巴達維亞政府以此等浮浪中國人之一部份。送還中國本國。又一部份送於錫蘭島及好望角殖民地等處。同時幷施行入國許可證制度。此許可證發行後。浮浪之中國人。反見增加。巴達維亞市外地方。盜賊橫行。蓋此輩皆由偏僻海岸上陸。無入國許可證。竄居於市外山林等處。久之爲饑寒所迫。不得不出而謀刼掠生活。加之東印度公司員役。視入國許可證之發行爲奇貨。藉以收受賄賂。凡證書之發行。加以種種課稅。中國良民困憊實甚。非難之聲日高。政府當局關於中國人之對付。採用何項手段。初未決定。遂於一七四〇年七月二十五日。總督花爾干尼爾氏 Valekenier 於印度參議會席上。議定最後之手段。不論有無入國許可證。凡疑問之中國人。皆逮捕之。而付以審問。認爲無正當生業者。即送於錫蘭島。以服肉桂園之勞役。然彼瀆職貪醜之員役等。又利用此取締新條例。向永年居住巴達維亞充分信用財產之中國人。以錫蘭島流刑爲脅迫。而索多額之賄賂。中國人大起恐慌。同時有一種謠言。謂流放錫蘭島之中國人。出爪哇海後。大部份投於巨洋中而殺之。中國人愈形不安。憂現於色。對巴達維亞政府。同聲嗟怨。遂有大暴動之勃發。中國人各自備武裝。巴達維亞市內外。放火爲號。開始一齊襲擊。彼等之行動。聯合市內外爲一致。勢力亦不可侮。歐洲人等因形勢緊迫。咸出而應戰。兵士船員。多數土人之爲奴隸者。皆袒於歐洲人。以敵中國人。此未曾有之慘劇。亙一週間。可戰慄之殺戮掠奪。演出活現之脩羅場。

是役也。被焚房屋約六百家。中國人生命之損失者。市內外合計超過一萬人。中國人與荷蘭人之間發生此內亂之衝突。巴達維亞政府。外觀似出以第三者之態度。而實際則出以積極的行動。印度參議會。爲事實上之負責任者。當時其委員之一人、番・茵福氏。Van Imhoff 辯明此問題決非印度參議會之責任。總督花爾干尼爾氏。乃完全負責者之一人。何者、騷亂中之捕虜及殺戮中國人。巴達維亞政府兵士之參加。皆須有總督之命令也。此暴動鎭定後。政府佈告回復和平。解除武裝。中國人案內之隨從者赦其無罪。指定市內中國人之居留地。卽今日巴達維亞之中國人街。此中國人虐殺案之動機。巴達維亞政府內部之眞相曝露。總督花爾干尼爾氏。與印度參議會一部份委員之間。意志疎隔。久生暗鬥。而此一部份委員之執牛耳者番茵福氏。更以此虐殺案責任問題。加以激烈之攻擊。與其政敵相薄肉。巴達維亞政府之施政缺乏統一。恰値中央爪哇又有重大問題突發。更感受非常之困難。

中國人大虐殺案之結果。惹起中央爪哇一番之亂動。多數之中國人。憤怒荷蘭人之暴行。脫出巴達維亞糾合同志組織一隊於南夢 Rembang 及爪哇那 Joana 地方。以襲殺歐洲人。乘勢以攻擊三寶壟。一七二七年。巴古巫呵娜二世繼位爲馬礁攬國王。暗通於中國人。約明若中國人得勢。則公然爲反荷蘭之運動。卡爾礁蘇拉荷蘭城塞之衞兵被囚。又殺戮東印度公司之駐在員役。巴達維亞政府處四面楚歌之中。時局決不許樂觀。巴達維亞政府見三寶壟之危。派遣應援隊。同時有馬渡拉島之攝政渣卡拉辯岳。舉兵以援和蘭軍。蓋馬渡拉島人久受馬礁攬苛政之壓迫。認爲報復機會。遂踴躍於東印度公司之袒助。荷蘭

馬渡拉之土人兵

軍勢力恢復。形勢為一變。三寶壠四個月之孤城困守至此解圍。狡滑之巴古巫呵娜二世。駭中國人方面之不利。遽改其態度。巴達維亞政府要求其歸順。而寬恕其背信行為。然巴古巫呵娜二世之變節。其部下等不勝憤怒。竟一致援助中國人。而反抗其國王。奪取王城卡爾礁蘇拉焚燬市街。一方以曩時受處流刑之蘇蘭馬士之孫馬士・卡蘭底。Mas Garandi 擁立為新王。稱安蒙古辣五世。巴古巫呵娜二世勢成孤立。其王位已危不可保。乃哀訴於巴達維亞政府。請其保護。政府容納彼之請求。而與以援助。時幸反對黨內部分裂。中國人與爪哇人離反。勢力已失。安蒙古辣五世自降於政府軍之門。政府軍遂奪還卡爾礁蘇拉。巴古・巫呵娜二世歸入王城。其後巴古巫呵娜二世廢卡爾礁蘇拉王宮。而別築王宮於梭羅村。Solo 定為首都。名為蘇拉卡爾礁・亞底蕣格朧。Soerakarta Adiniugrat 是即今日之蘇拉卡爾礁。Soeraharta 一稱為梭羅。

一七四三年。東印度公司與巴古・巫呵娜二世之間。締結一種條約。依此條約。彼之王國。全然立於東印度公司保護監視之下。馬渡拉及爪哇北海岸全部讓渡於東印度公司。且負有供給造船用材之惹底木於東印度公司之義務。如斯馬礁攬國全海口門戶閉塞。爾後斷無祕密通商之事。東印度公司新獲北海岸地方。以三寶壟為中心。劃為統治區域之一。其後東方爪哇。別設統治區域。以蘇拉末亞爲中心。

依上條約。馬礁攬國放棄馬渡拉島。以入於東印度公司之手。亦有多少之困難。曩者馬渡拉島之攝政渣卡拉莽岳。舉兵以援助政府軍。原冀脫出馬礁攬國之苛政。然後以馬渡拉及其占領東方爪哇之地域。建設一獨立國。此計畫乃不爲東印度公司所承認。而欲收於自己之手。兩者之間。遂至衝突交兵。結果渣卡拉莽岳失敗。出奔於曼惹馬辰 Bandjarmasin 復得英國駐曼古莽 Benkoelen 兵隊之後援。企圖舉兵。事未成而爲東印度公司所捕。處以好望角殖民地之流刑。東印度公司乃任命其子渣卡拉·莽岳第五。爲馬渡拉島之執政。

巴達維亞政府內部之不和。既如上述。其後紛議更多。總督花爾干尼爾氏之荏弱暮氣。常爲印度參議會之委員番·茵福氏及其同志所利用。關於各種重大問題。幷不通過總督。甚有越權之行爲。由是意見愈深。總督花爾干尼爾氏以番·茵福氏及哈西氏 de Haaze 實真尼氏 Schinne 三人爲違犯國法者。送還於荷蘭本國。番·茵福氏乃辣腕之士。設詞向董事部辯明。幷以責任問題。嫁罪於總督身上。黑白已定。總督以病弱自請辭職。歸航本國中途。抵好望角時。以董事部之命令。被捕解回巴達維亞。受司法院之審問。荏苒移時。案尙未定。而花爾干尼爾氏死於獄中。計已在獄九年。結局爲政爭所犧牲。此問題遂以不了了之。

花爾干尼爾氏之後任總督爲約翰尼士・帝登士氏。Yohanes Thedens 一七四一年至一七四三年。其次則爲番茵福氏。一七四三年至一七五〇年。

第二十一章　總督番・茵福氏時代

一七四三年。番茵福氏子爵就任總督。氏爲一果斷之政治家。又爲辣腕之陰謀家。彼具有真實透徹之政治的理想。而無光明濟世之經綸。何者。彼負當時爪哇統治之責任。無一定之方針。愈以種立失敗之禍根。誘致東印度公司入於窮地。

番茵福氏通商政策之意見。主張印度通商。今後當由東印度公司之手。自行開放。以一定條件之下。容許自由民及土人之活動。然彼之通商政策。決非眞正之自由主義。仍然屬於營利主義之擴張的意味。何者。彼之目的。不在東印度自身之開發。與夫自由民及土人之利益。祗利用自由民土人。以舉其營利之成績而已。具體言之。欲以巴達維亞通商中央集權之可及的利益。收於東印度公司之手而已。番茵福氏所認爲自由民土人之通商自由。乃謂通商不必以巴達維亞爲起點。及航海不必以巴達維亞爲目的地。而印度內通商之屬於個人。而不經由巴達維亞者。仍舊禁止。番茵福氏政策。到底與時勢更相背離。

東印度公司之獨占的通商。有一事開破壞之先例。卽依阿片專賣目的而設立之阿片協會。

Amfioen Societeit 阿片協會。得免經東印度公司之手。而購入阿片。且負有監視私販阿片之責任。向來東印度公司依阿片通商所獲之利益。從玆全部失却。阿片協會之股份。殆皆和蘭本國人所有。結局其利益。卽流入於荷蘭之一般股東。

番茵福氏事業中可特記者。彼於殖民開拓之根本農產業。施以干涉的保護政策。而獲成功。彼先於巴達維亞附近。恢復其舊狀。再覩昔日之繁榮。巴達維亞附近。因前此中國人之暴動。全歸荒廢。一七四四年。總督自行實地視察。環顧巴達維亞南方山地一帶未開墾之豐饒土地。到處殘存。乃着手於開闢。巴達維亞政府。以此等土地發賣或租賃於私人。與開墾者以便宜特權。且許可其地域內有監督并使役當地土人之權。此等代價。卽開墾者應以其地栽培所收穫之農產物。以一定之價格。賣渡於東印度公司。

番茵福氏銳意於開拓之獎勵。更進而親身作則。開墾沙臘山麓之土地。另營一簡單小屋於其中。供自己之起臥。付名爲靡珍棱諾。Buitenzorg 此地氣候溫和。風光明媚。實爪哇稀有之樂土。靡珍棱諾一語。猶言樂土之義。意謂爲無煩惱之鄉。一七四七年。董事部贊成以靡珍棱諾爲總督別莊。土地開拓。勞働者爲其必要。從前皆以精勤之中國人當之。自大虐殺案發生後。中國人之勞働者竟不可得。番茵福氏再進一步而招徠荷蘭本國之農業家。以舉殖民之實績。一七四四年迄一七五〇年間陸續有多數之荷蘭移民渡來定住於渤淚安 Preanger 及加拉灣。Krawang 番茵福氏農業保護獎勵之結果成一正確殖民地但無目前之利益。為東印度公司所失望。何者、此等開墾事業之利益未見而先妨害自由與以殖民開發前途之阻礙。

土人農業之發展番茵福氏之努力亦多。彼對咖啡栽培之保護政策。一方既獎勵土人等之栽培。他方又保證東印度公司買入之數量。從前土人所苦之苛政。如咖啡產額超過時。東印度公司必降低其價格。至有土人砍伐其咖啡樹之事。番茵福氏皆廢之。

此外番茵福氏之事業。一七四六年戰後之爪哇經營。為改良行政計。遂親作爪哇中部及東部之旅行。實地考察。爪哇中國人戰爭後之荒廢。全無秩序。爪哇中部及東部之回復。有改造之必要。彼所乘之船。由巴達維亞出發。沿南夢而直抵蘇拉末亞。復由蘇拉末亞往巴蘇魯安、馬渡拉島。然後折回三寶壠。彼對各地不統一不完備之統治機關。力圖整理。又土人之苦於酋長苛政者。為之設種種保護規則。彼於三寶壠停驂中。受馬礁攬國王之拜詢。數日後同赴蘇拉卡爾礁王都。於茲東印度公司與馬礁攬國之間。從新改訂各種條約。公認巴古：巫呵娜二世之子為後任國王。蘇拉卡爾礁公務終了後。歸途沿海路而抵爪哇縱斷之直卡爾然後安歸巴達維亞。

番茵福氏親跋涉於爪哇及馬渡拉全島。爲最初總督出巡之第一人。彼本多才之士。到處注目於山川田野。見此壯麗之爪哇。自然驚嘆。尤贊美爪哇先民文明之表象寺院聖堂之遺蹟。歸而執筆。著一龐大之報告書。對於爪哇之社會風物。一目瞭然。然此報告書之供覽。乃僅限於政府當局之一部份人。蓋東印度公司幹部以常套手段。牢守祕密主義。利益獨占主義。不肯以此報告書公刊於世。

番茵福氏歸任巴達維亞後。彼之行政上缺點。徐徐招來外治之難局。一七五〇年彼死後。卽以遺大投艱於後任總督摩洒爾 Jacob Mossel 氏。爲巴達維亞政府所費力。此外治之難局。卽次章所述之馬礁攬與曼丹之問題。

第二十二章　第三次爪哇王位承繼之戰爭與曼丹之暴動

馬礁攬王室巴古巫呵娜二世。與其弟曼古巫靡 Mangkoe Boemi 之間。發生葛籐。其原因由於曼古巫靡對於其兄之冷遇。不與自己以何等之顯職。鬱鬱不樂。兩者之間。遂生暗鬩。王室爲之不安。總督番茵福氏旅行於爪哇中部。到着於蘇拉卡爾礁。居停王室中。見此紛爭之醜態。代謀解決。番茵福氏以總督之威嚴。公然於席上列座之中。面責曼古巫靡之不遜。勸令其顧全王室之安寧。今後宜與其兄一致和親。然番茵福氏此種調停方法。轉以促成其離變。無論總督承認巴古巫呵娜二世之子。爲次代王位之承繼者。爲曼古巫靡心所不樂。且於衆目之中。與以侮辱的勸告。益老羞而成怒。曼古巫靡卽日奔出蘇拉卡爾礁而謀起事。適有王室之不平黨馬士沙一 Mas Said 者。與之聯合。徵集多數之土民兵。遂向巴古巫呵娜二世而高揭反旗。叛亂繼續數年。一七四九年巴古巫呵娜二世死。曼古巫靡軍驟然得勢。時局益陷糾紛。

巴古巫呵娜二世未死之先。病中邀請三寶壠監督和軒多納氏 Van Hohendorff 來蘇拉卡爾礁。叩其對於王位問題之意見。其結果今後依馬礁攬國現狀。無獨自處理國政之能力。應由東印度公司保護外。又以承認巴古巫呵娜二世之子繼任王位之事。求其決定。和軒多納氏。對此重大問題。本無議定之權限。第以前者旣與政府政策不悖。後者又爲總督番茵福氏承諾於先。二問題遂完全承認。巴古巫呵娜二世死。巴古巫呵娜三世。遂於巴達維亞政府見證之下而卽位。此爲一最可注意之事。馬礁攬國。此時不獨受東印度公司之保護。且有獨立主權之限制。國政實權半歸於巴達維亞政府之手。王位卽由其厚意之恩惠所左右。

上述巴古巫呵娜二世與和軒多納氏之間。行此種之協定。受馬礁攬國多數之貴族所反對。

貴族等迎擁立曼古巫靡。先於巴古巫呵娜三世而卽王位。如斯馬礁攬國二王擁立之相拮抗。乃釀成第三次王位承繼之戰爭。曼古巫靡與馬士沙一相結托。得多數之黨與聲勢遙駕於巴古巫呵娜三世之上。一七五一年。巴達維亞政府之援軍在摩莪滃多 Bogowonto 附近地方爲曼古巫靡軍所擊破其指揮官格烈爾氏 De Clercq 戰死。敵軍乘戰勝之勢占領爪哇北海岸北加浪安 Pekalongan 一帶之地西進而脅東印度公司之邊領。同時一七五〇年曼丹大暴動勃發巴達維亞政府立於苦境幸得曼古巫靡內部分裂卽馬士沙一自要求王位。冒稱蘇蘭與曼古巫靡離反。

馬礁攬王位之爭巴達維亞政府爲謀解決之法。基於和軒多納氏之提議。認爲馬礁攬國分割實現之機會。新總督摩洒爾氏。得印度參議會之贊同着手實行。和軒多納氏賚此使命。先向敵方兩領袖曼古巫靡馬士沙一說服。而終於無效一七五四年。總督摩洒爾氏來三寶壠。與馬礁攬王會見。提出馬礁攬國分割問題。徵其同意。巴古巫呵娜三世。對此唐突之重大提議。深以爲駭。諾否大費躊躇。然以孤立無援。素受巴達維亞政府之保護。當然無拒絕之勇氣。和軒多納氏再攜此和解問題。向曼古巫靡及馬士沙一交涉。幸馬士沙一要求過奢。乃以促成曼古巫靡之覺悟。曼古巫靡對於巴達維亞政府提出之條件。卽時與以同意。乃締結媾和條約於義安底 Gianti 地方。其結果馬礁攬國分爲二。曼古巫靡各得一半。名義上曼古巫靡仍爲巴古巫呵娜三世之從屬。由東印度公司割受馬礁攬之領土。封之爲王。附與以代理統治之權限。與馬礁攬國同爲巴達維亞政府之忠順同盟者。新王曼古巫靡自稱爲蘇丹·安曼古·巫呵娜。Sultan Amangkoe Bowono 構築王宮於日惹卡爾礁。Djockjakarta 馬士沙一爲摩洒爾總督巧妙之外交一蹴。不能握得何物。到處反亂。新王安曼古巫呵娜與東印度公司聯軍步步進迫窮追。遂自乞降於蘇拉卡爾礁巴古巫呵娜三世。一七五七年。在沙拉底卡 Salatiga 開會議。處理諸問題。於玆馬士沙一乃承認巴達維亞政府之主權。巴古巫呵娜三世。封以一小領域爲侯。稱爲曼古·尼果羅。Mangkoe Negoro 第三次王位承繼之戰。至此乃告終了。此未曾有之戰亂。全土荒廢於兵燹。人民不勝其窮困之慘。

曼丹自一七三三年以來。土王絲魯爾·亞里欣 Zeinoel Arifin 之治下。其國政實權全爲亞拉伯人土生之王妃拉都·花底馬氏 Ratoe Fatima 所擅斷。王妃爲一時事實上最大之權勢者。乘王之溫順。恣爲橫暴。彼無故剝奪王子班詣蘭·古士底 Pangeran Goesti 之王位承繼權。而以自己之從弟代之。一七四九年。絲魯爾·亞里欣老王精神稍有異狀。王妃求其退位。以從弟執國政。一方肆其辣手。處王子班詣蘭古士底以錫蘭島之流刑。又遷老王居於安汶。未幾而死。巴達維亞政府。對於王妃之行爲。初未提出異議。慮有萬一之騷亂。惟以東印度公司之衛兵監視之。然一般曼丹人。對此王位之變更。絕端反對。其理由以王室之血統紊亂爲詞。有回教僧正加耶·礁巴 Kjahi Gapa 及拉都·麥古士 Ratoe Bagoes 等。起而爲反對王位篡奪者之運動。次第熱烈。而此叛徒拉都·花底馬氏。暗通於蒙古犇之英國人。其勢力亦不可侮。巴達維亞政府乃派兵討伐。適此間總督番茵福氏死。耶谷·摩洒爾 Jacob Mossel 繼任總督。新總督對於曼丹王位問題。態度全然一變。得印度參議會贊同之下。且得曼丹多數有力者之後援。逮捕王妃拉都·花底馬氏及其從弟於王城。而處以流刑。一方召回業經公認爲次代王位之班詣蘭·古士底於錫蘭島刑地。而即位爲王。依曼丹王與東印度公司之間所成之條約。嗣後曼丹僅爲東印度公司封侯地。且蘇門搭臘領有之南榜士地方全部讓渡於東印度公司。如斯王位依東印度公司之交涉而決定。紛亂尚未能終熄。乘亂而懷野心者尚有多人。拉都·麥古士等起而覬覦王位。加耶·礁巴多數之部下。侵入東印度領土。到處掠奪良民。最後爲巴達維亞政府軍所擊敗。而走於馬礁攬國。

巴達維亞政府對於馬礁攬及曼丹之內亂。頗費苦心。結局東印度公司年來之目的已達。最强敵之馬礁攬國。分割統禦。(Dĕvide et Impera) 依外交政策。已成有名無實之死物。巴達維亞政府。對付馬礁攬國乃至曼丹國所採之手段皆正面攻擊高蹈飛躍之外交而以權謀術數。陰爲操縱。其時除東方爪哇一隅外。殆全體回復和平。東方爪哇。有峇厘人及蘇拉巴底餘黨。跳梁跋扈。爲其擾亂不斷之原因。加之英國人乘巴達維亞政府之外治多端。試行商略之侵入。一七七二年。東印度公司派兵一掃而平之。

第二十三章　東印度公司之解散

馬礁攬及曼丹之戰亂鎮定後。東印度公司衰退之兆日益顯著。總督摩洒爾氏及其他等。咸努力於運命之挽回。就中摩洒爾氏總督。曾有『如何拔此難關。使此坐礁之東印度公司。出於安全之船路。』之揚言。雖大勢所趨。未有何項改善之途。然爪哇土人。則因東印度公司而日增其幸福。何者、疲弊之東印度公司。惹起外治關係問題。常得有圓滿解決之法。蘇拉卡爾礁蘇蘭、及日惹卡爾礁蘇丹等。今後好誼維持。得採用溫和政策。出以自由放任之態度。與曩時以權術操縱之時代。遠不相同。他方東印度公司之凋落。土王等回復其勢力。一般土民。重羅土王之苛政。反以招致不幸之來。換言之。卽此時之東印度公司。已考慮及於土人之運命。努力以發展爪哇之農產業。就中最注力者。莫如咖啡及砂糖之栽培。確有優秀之成績。生產額年年增加。道路亦隨之而交通益便。

東印度公司衰退之運。非僅爪哇各地之顯著。外印度英國人之勢力日增。依傑出敏腕家卡拉衞氏 Clivi 之活動。益牢乎不可拔。孟加拉地方。英國人勢力既凌駕於東印度公司之上。兩者之間。遂不免有多少之衝突。新進之英國人。常占於優越之地位。錫蘭島關於肉桂通商之利益分配事。東印度公司與干帝 Kandi 土王之間。常多爭議。英國人即利用其爭議。通款於土王。期以收漁人之利。然終爲土王所拒絕而失敗。蘇門搭臘東西海岸。東印度公司終無何等成績。婆蘭洲之通商。殆難實現。著名之摩鹿哥島。無復昔時香料供給之重視。如斯東印度公司之末期。如同夕日之影。居於柔佛國內之巫疑尼人及土酋等。常侵入東印度公司之邊領。以窺伺馬拉甲。幸有番勿拉馬氏 Van Brama 率六艘之艦隊。游

一七八四年番勿拉馬氏所率在馬拉甲海面之艦隊

弋於馬拉甲及柔佛海岸行示威之運動。而始歸平穩。一七八三年。柔佛國王與東印度公司之間。成立一條約。柔佛國爲東印度公司封侯地。巫疑尼人乃遁走於婆羅洲。蘇拉卡爾礁。一七八八年巴古巫呵娜三世歿。其子巴古巫呵娜四世卽位。彼弱年之王。常懷征服日惹卡爾礁之野望。惹起爪哇中部之紛擾。幸不久而鎮定。一七九〇年再歸平穩。

其時適遇荷蘭本國內外多事。國步艱難之重大時機。東印度公司以內治外治之多難。其運命亦陷入漩渦。蓋東印度公司之運命。實視荷蘭之國運而消長。舉國共倡挽救之議。輿論紛紛。徒供有力者政爭之具。實際無何等之設施。

荷蘭愛國黨 Patriottena 王黨 Prinsgezinden 之二黨間。一七八〇年亘一七八七年。繼續爲激烈之黨爭。以和蘭外交難局。及東印度公司頹勢之責任糾彈問題。作薄肉之論戰。

制海權爭奪之動機。第四次英蘭戰爭又起。一七八〇年亘一七八四年間。荷蘭本國益益多難。更與東印度公司以致命的大打擊。外印度之海。英國之旗已代荷蘭國旗而飛揚。而尼卡巴攬地方。Negapatnan 及其他之荷蘭商館。蘇門搭臘西海岸。容易入於英國人之手。惟錫蘭島以法國艦隊之援助。得免受英國人之侵略。東印度公司如斯萎靡不振。加之荷蘭本國。英國艦隊次第加以迫壓。卽印度貨物積載航歸本國之東印度公司商船。途中無護衞之艦隊。大部份爲敵艦所捕拿。和蘭來印度之船。亦陷同樣之危險。如斯海上困難。印度通商。既一時斷絕。而本國間之連絡。亦爲所遮斷。不獨巴達維亞船舶。船員武器資金。漸次告乏。且各地商館倉庫。貨物山積。委於腐敗變質。不能不賤値以賣於中立國商船。如斯狀況。約亘三年間。一七八四年巴黎締結媾和條約。東印度公司在外印度放棄尼卡巴攬并承認英國人爾後得在印度海洋自由通商。東印度公司歷來維持之通商獨占制度。至茲遂見破裂。

荷蘭一七八七年維廉五世 Willem V 之平和維持。維廉五世爲有力之皇族。而就洲長官之位。兼東印度公司監查員之職。乃其一時不遇之地位。一七八七年之政變。勢力回復之後。自進於政府當局。以改革東印度公司之頹勢。期再活躍爲謀。幾度舉出實行委員講求善法。遂成爲有名之提案。東印度公司之凋落。前此無何人爲之砥柱。一七八九年末約七千四百萬盾之損失。一七九一年再有九千六百萬盾損失之事。東印度公司信用墜地。救濟之途已絕。僅有國務總會財政上之救濟。爲一縷之希望。一七九〇年。維廉五世以東印度董事部首席之資格。於此瀕死之東印度公司。設立實行委員會。以資整頓實行委員之意見。此根本的改革之實施。當先派遣有腕力之人物。前往印度。得國務總會之同意。十七人監督會議。乃任命高等委員維廉五世自任其一。而任荷蘭。復選任東印度公司之常任律師尼特爾麥爾氏、

Nederburgh 船長佛里堅尼士氏、Frijkenius 印度總督亞爾登氏、Alting 總監督番士多掀氏、Van Stockum 四人爲委員。前兩氏委員於一七九一年末。向印度出發。先抵好望角殖民地滯留約一年。一七九三年到着於巴達維亞其時四人高等委員中番士多掀氏已死。任命總督亞爾登氏之養子絲麥爾氏 Siborg 代之。四人之高等委員負有廓清積弊之大任務。果如何而廉得東印度公司員役之腐敗實情。當然不能依照尋常手段。荷蘭派來之二委員。不勝焦慮。而總督亞爾登氏及絲麥爾氏。則熟知內部實情。第爲維持現狀之平穩。未肯率直揭發。此高等委員。遂分爲二派。意見隔閡。因之而常發生衝突之紛議。如斯遠大抱負之下。所設立之高等委員結局徒糜巨額之酬報。而成爲冗員。一七九五年荷蘭革命起。聯合荷蘭共和國倒。新立於法國保護之下。巴達維亞共和國成立。此本國政變。仍受法國革命歐洲震蕩之餘波。巴達維亞市民。新成立巴達維亞共和國。採用自由主義。今後巴達維亞政府之印度統治。爲自治的。殆無請命於高等委員之必要。此高等委員會。乃於一七九九年解散。

一七九六年。總督亞爾登氏辭職。繼任者爲番・呵佛士礁拉登氏。Van Overstraten 彼之時代。東印度公司已無救濟轉回之餘地。一七九五年以來。東印度公司之損失更大。

維廉五世以一七九五年之革命。出走於英國倫敦。彼對於本國之國際難局。深抱杞憂。乃以東印度公司首席董事之資格。致書於荷蘭。訴諸國人。書中述其意見曰。『依現狀之放任。東印度公司除自行消滅外。政府當局在此國難多事之秋。無餘力可顧及法國之魔手。必伸來印度而侵東印度公司之領土。然此領土以入於惡友法國人之手。吾人寧願以委諸親友之英國人。』蓋維廉五世乃其時之親英派者也。

維廉五世所云荷蘭親友之英國人。其時在海上已嶄然露頭角。一七九六年征服好望角、及錫蘭島。外印度蘇門搭臘西海岸之重要地域。馬拉甲均收入於其掌中。摩鹿哥諸島安汶及曼礁等。亦歸英國人之手。僅特那特島頑強抵抗。得免受侵略。爪哇島亦緦緦以英國人之侵入爲恐。巴達維亞共和國。與法國之間。成立海牙條約。英國人遂向巴達維亞共和國宣戰。爪哇形勢。益瀕於危險。總督番呵佛士礁拉登氏。竭力防備。荷蘭本國政府。因之而變更東印度公司幹部之組織。廢止董事。解散十七人監督會議。而設立「新東印度通商財產屬領處理委員會」Comite tot de zaken Van de Oost Indische Handel en Bezittingen 爲東印度公司解散之準備。果然一七九八年。巴達維亞共和國第一次憲法成。其中有「東印度公司財產及負債。悉舉而歸國有」之規定。右憲法規定之條文。由東印度公司特許權期滿後。一七九九年十二月三十一日發生效力。從茲彼設立二百年。好望角以東、馬企蘭海峽以西之間。

威望如帝王之東印度公司。一朝如久年朽樹之倒潰。以一七九九年而解散。

第二十四章　十九世紀初葉之東印度殖民地

東印度公司解散後。印度統治權。操於亞細亞拓殖局之手。最初數年。印度形勢無何等特別之變異。舊東印度公司勤務之員役。仍充政府官吏。統治機關制度。一切如故。東印度公司壽命亘二百年。其名義已深印於土人腦中。迨東印度公司解散後。彼土人等對於荷蘭官憲。仍稱呼爲 Companie。今日爪哇內地。尙有用此公司名義。以當荷蘭印度政府者。

荷蘭政府接受此印度統治權。其行政之改良。當然先確定其根本方針。荷蘭本國。對此問題。意見極不一致。卽印度政府最高幹部所持之政策。亦分兩派。其一、東印度公司高等委員尼特爾麥爾氏爲代表。屬於保守派。主張印度統治依照東印度公司組織之原則。政治通商共收於政府之手。厲行獨占制度。其他屬於進步派。駐爪哇東部監督官和軒多納氏爲代表。主張通商與政治分離。以個人以自由之機會。凡東印度公司舊有之貨物强制引渡、强制勞動等。不良制度。全部廢止。及司法權之獨立。土人土地所有權之設定。一八〇二年十一月。政府於右兩派代表尼特爾麥爾氏及和軒多納氏之外。另舉委員五人。爲新行政制度之研究。依上述委員之提案。行政綱領。大體對於現存制度。有維持之必要。一八〇四年九月。經荷蘭國會之同意。公佈『亞細亞殖民地之特許律令』Bhartei Voor de Aziatische Bettingen 時適蘭英國交叉破。一八〇三年至於搆兵印度與荷蘭本國之交通爲所遮斷。前項公布之特許律令迄未實行。中間乃又有改正特許令之提議。一八五〇年。基於一洲長官森綿邊尼氏 Schimmelpennick 及和軒多納氏之提議。再行改正名爲新法令而公布之。任命伊律氏 Elout 格拉士衞爾氏——Grasveld 二人。爲新行政條例之實行委員。此兩委員防海上爲英國艦隊所危害。紆道美國而赴印度。彼等到美國時。又奉本國命令召還。新法令之實行又中止。

十九世紀第一時代之歐洲。全爲拿破侖摩那巴爾 Napoleon Bonoparte 之外交所左右。一八〇六年。巴達維亞共和國倒。荷蘭王國誕生。大拿翁之弟路易摩那巴爾 Lodeuijk Bonaparte 爲王。於玆新憲法成。殖民地統治主權。完全收於國王之手。新荷蘭王路易摩那巴爾。乃於政府內設立統監 Director General 以司其責。旋又改稱爲殖民大臣。Minister van Kolonien 基於乃兄拿破倫大帝之推薦。派遣總督丹德爾氏。Herman Willindaendels 爲荷蘭國王統治權之代表者。吾人欲述此新總督事業。當先就當時東印度情勢。概略說明之。

番·呵佛士礁拉登氏。在東印度公司解散之後。繼續爲總督。處於非常之難局。舉全力以當統治之任。其功實偉。英國人掌握海上之權。實與荷蘭本國通商以致命的打擊。印度殖民地。陷入於孤立之狀態。當時爲防英國人之侵入爪哇。特調練土人兵。駐屯於海岸重要地域。巴達維亞市防備設施。尤爲周到。一八〇〇年。英國提督麥爾氏 Boll 率英國人艦隊。以封鎖巴達維亞港。襲擊城塞時。尙能容易擊退之。英國政府正擬輸送强大之陸軍於東印度。期一舉而征略全爪哇。適値法國拿破倫征伐埃及。英國分其兵力。爪哇侵略。遂不果行。一八〇二年亞敏士 Amiens 媾和條約成立。英國放棄其侵略爪哇之野望。爪哇土王國之關係。經總督巧妙外交之結果。亦漸次圓活。

一八〇一年。總督番・呵佛士礁於登氏死。絲麥氏 Joannes Siberg 繼任總督。正値亞敏士媾和條約締結之間。依絲麥氏之努力。得有多少之佳果。印度免再受英國人之侵害。錫蘭島除外。英國前時所侵略蘭領東印度地域。一再返還於荷蘭之手。絲麥氏總督。利用此蘭英國際小康之時間。竭力以恢復印度與荷蘭之連絡。

荷蘭政府。與蘇拉卡爾礁、及日惹卡爾礁之關係良好。惟日惹卡爾礁。有一度問題發生。依義安底條約所規定。日惹卡爾礁爲荷蘭政府封侯地。土王對其主權。有忠實承認之誓約。然一八〇三年。安曼古辣・巫呵娜二世。任命新宰相。破壞歷來之慣例。宰相對巴達維亞政府。無忠順之誓言迭來。時北海岸監督茵格爾哈爾氏。Engelhard 以土王此種違約行爲。萬不可放置。致釀後來之禍。特向土王詰問。令其尊重義安底條約。此後不得再有違背政府主權之事。

井里汶王位問題。亦起暴動。井里汶自一七九七年前王之庶子即位以來。人民苦於新王之苛政。疲弊已極。土民等追念伊曼・馬拉那 Ibn Maulana 聖王。乃回教傳入之始祖。在爪哇西方負有絕大聲望。今其血統相傳之王位中斷。必蒙天帝之災。欲擁立其後裔即前王之嫡子。而削奪彼暴君之王位。同時土王領內征收租稅。由中國人承辦包征。中國人爲定額之國庫收入計。兼爲私利計。對土民常出以嚴酷手段。爲土人等所怨惡。一八〇六年土民一齊暴動。殺戮多數之中國人。彼等所有之砂糖工場。皆被破壞。暴徒愈愈得勢。聚合多至四萬人。巴達維亞政府命北海岸監督茵格爾麥爾氏向其討伐。井里汶騷擾之際。他之土王等。皆援助於巴達維亞政府。就中以馬渡拉之援助尤大。常爲有力之警備。以阻英國人海邊地域之侵入。一八〇六年九月一日條約成。井里汶王退位。土民愛慕之嫡統繼登王位。禁止中國人住留於領土內。而亂事乃告終熄。土人得脫除苦惱。咸欣然於所謂 Compenie 之威望。不獨井里汶土民如此。全爪哇土民等亦然。蓋彼等喜有政府之善政。能確保其安寧。得免受異國人侵略之危難也。

荷蘭政府於爪哇內政。最注意者爲農產業。彼咖啡砂糖之栽培。實有可驚之發達。凡各種規則有妨害咖啡栽培者。一八〇二年皆撤廢之。其收買之價格亦增高。監督茵格爾麥爾氏。於一八〇三年起。親自巡行視察。官吏私肥之一切犯瀆行爲。嚴酷取締。土人賃銀之給與。須全額入於其手。一八〇四年。威西氏 Wiese 繼絲麥爾氏之後而爲總督。亦注意於農產業。當彼於一八〇八年辭職之間。咖啡年產額約有十二萬擔之增加。總督威西氏爲保護惹帝樹計。嚴禁民間之濫伐。又從前因森林開拓之目的而設立之森林苦役制。Blandong Volk 卽強制勞役人夫。從事於木材之採伐搬運者。所有苛酷不當之條件。皆改正之。

然當時歐洲不斷之戰局。印度對歐洲之通商大受影響。咖啡砂糖木材棉花藍等主要土產品。輸出之途絕。多賣與從事印度貿易之美國丹墨等中立國商人。亞敏士條約。歐洲時局稍得安定。印度貿易回復。大數量之土產品。陸續輸往荷蘭。時有菴士特登姆商人。一時收買咖啡一千五百萬磅。蓋荷蘭輸入後。對歐洲貿易比較在印度與中立國商人貿易。其利益自然更厚。總督威西氏之時代。印度內之交易盛大。彼辭職後。一年間印度齎得六百萬盾之利益。

一八〇三年亘一八一四年。蘭英戰爭狀態。外印度各地。馬拉甲、蘇門搭臘西海岸相繼入於英國人之手。既如上述。好望角殖民地。以一八〇六年然申士氏 Janssens 之勇敢。與英國拮抗。亦終於失敗而放棄其地。一八〇三年。荷蘭政府爲印度連絡計。派遣副提督哈爾登克氏 Hartoinck 率一艦隊巡視印度殖民地。英國則有勃里衞氏 Pellew 率其優秀艦隊。而往於印度。荷蘭艦隊、入爪哇之航途中。與之發生衝突。結果大部份爲英國艦隊所殲滅。僅有二艘軍艦。又於詣里西海上。爲英國艦隊所擊破。如斯荷蘭深苦於海軍力之薄弱。一八〇八年一月一日。總督丹德爾士氏。僅率部下十八人。以防禦於曼丹之安耶爾 Anjer 海邊。

第二十五章　總督丹德爾士氏　(一)

荷蘭王路易摩那巴。依法國拿破倫大帝之意嚮。任命丹德爾士氏爲總督。既如上述。蓋拿破倫大帝橫掃全歐。其赫赫武功覆於大陸。僅北方之俄羅斯。西方之英國。未得逞其志爲其唯一之憾。於兹乃復出以辣手之攻擊。施行大陸封鎖條例。然此大陸封鎖條例。受打擊者仍在大陸諸國。而不在英國。英國更得以優勢之制海力。發揮其印度政策。而常窺蘭領殖民地。以爲對抗之策。拿破倫大帝以蘭領殖民地。就中爪哇。欲與英國人之印度政策相拮抗。須有傑出有爲之陸軍首領。駐在其間。最適任者。卽爲丹德爾士氏。吾人今就此傑出人物之經歷而言之。

夏爾曼・維廉・丹德爾士氏。Hernan Willin Daendels 隸籍於愛國黨。當王黨與愛國黨政爭激烈之際。彼爲愛國黨幹部活躍者之一人。頗負盛名。維廉五世之復古運動。愛國黨在政界中失去勢力。彼與多數黨員之同僚者。亡命法國。投身軍籍。一七九五年荷蘭政局稍安定。歸還母國。由其時起。彼之得意時代已來。在混沌之政界中而活動。一七九八年以武斷政治著名。一七九九年英國人侵入北荷蘭。彼迎擊而敗之。以功昇陸軍中將。後昇任元帥。丹德爾士氏最初入政界時。爲一革命的自由思想家。熱烈愛國之士。然此革命之急先鋒。自法國革命以來。乃一變而放棄其革命之志。而傾向於武人專制思想之保守主義。蓋受大拿翁之性格所感化。彼爲崇拜大拿翁之人。兩者之性格。確有相類似之點。專制獨裁之士。待人常出

法國統治時代之總督丹德爾士氏

以嚴酷。而自己則流於粗慢放任之弊。總督丹德爾士氏卽開其例。彼之爪哇政策。提鐵腕以排萬難。土民之怨言困苦。斷乎非其所顧慮。然一方如斯之嚴峻。而他方對於維持秩序最重要之司法問題。漠不爲意。雖有不法之事。亦多放置而不盡其監督之責任。要之彼爲獨裁的創業之人。而決非守成濟美之人。

總督丹德爾士氏統治之時間僅三年間之短日月。而其功績實偉大。英國海上權之掌握。東印度與荷蘭之交通。大受威脅。印度統治事務。欲完全聽候本國政府之指令。乃事之不可能。丹德爾士氏本其總督職權。不論軍備問題。或其他重要政治問題。概諮問於印度參議會。而以己意裁奪而行。且當時之爪哇外敵。虎視眈眈。有防備之必要。領土之廣大。軍備之擴張。本國兵士之供給困難。於茲欲得多數之兵。不能不就爪哇自身。施行徵兵制度。一般土民。無論奴隸中得徵兵以入軍役。且對於自由民。亦努力以行其大勸募。基於丹德爾士氏所報告。經其規定之調練後。可立得土民兵二萬名以上。實際不減於從前之兵額。然東印度公司時代。軍備僅用以防禦內亂。對兵士不甚尊重。其生活非常粗惡。設備亦多不周。丹德爾士氏着手改善。與以充份之組織。設立士官學校兵營衛戍病院等。同時對於軍紀之訓練監督周到。又從來仰賴荷蘭本國供給之武器。交通既斷。當然就爪哇自身籌備。乃設鐵炮製造廠於三寶壠。設炮兵工廠於蘇拉末亞。上述兩城市皆築造新要塞。巴達維亞舊城塞亦改築堡壘。其中最主要者爲威德夫里登、Weltevreden 及靡士德・哥尼里士 Meester Cornelis 兩處。爲阨要之地。哈爾登克氏之艦隊。一八〇六年爲英國人殲滅後。印度海上已無荷蘭艦隊之影。丹德爾士氏以迫於海上之防備。有建造船艦之必要。印度對大型船艦之建造固無此設備。惟有速造多數之堅固速力之戰鬥巡洋艦。以供一時之用。最初擇定巽地海峽眉淄灣。Meeuwen Baai 築造軍港。旋以工程困難而放棄。嗣乃選定同海峽之靡臘灣 Merak baai 開始工作。仍受非常之障礙。工程無甚進步。迄丹德爾士氏辭職後。乃見完成。惟蘇拉末亞軍港。幸早成功。臨馬渡拉海峽。築有路易炮臺。築造工程。約一年半而竣事。此等軍事上之建築。及其他工事等。皆依所謂土民之强制勞役以完成之。丹德爾士氏之海陸軍事。多倚畀於陸軍大佐哈靡爾玖士蟜氏 H. Mer-Kus de Koik 及海軍少將武伊士吉士氏 A. A. Buijskes 所擘畫。

次總督丹德爾士氏可特記之事業。尤莫如大道路之開闢。此道路最初之目的。祗爲軍事用途。不關內政改善之事。然以爪哇內部之交通。在通商行政上。亦感非常之便利。由爪哇西隅安耶爾。至爪哇東隅班那魯干之道路。約一千基羅米突之長距離。從前需四十日之行程者。

僅六日半而可達。彼幹路中各重要站地。設有休憩室及警備屯營。以利便行旅。此等道路之完成。爪哇內部郵政之交通。亦隨之而發達。丹德爾士氏對於造路事業。卽本其不撓不屈之精神。厲行强制勞働。召集開鑿區內之土民。全無酬報。而服役於工作。土人等不獨放棄其自己之工作。不少痛苦之處。且於渤泿安之山地。及北海岸之沼澤地。冒危險以趁此困難工程。犧牲數百人之生命。

東印度公司歷代之總督。對於員役之腐敗。紀綱之紊亂。積弊已深。從無一度廓淸之事。此積弊於東印度公司解散後。尚難驟改。總督丹德爾士氏引掃除積弊爲急務。洞知彼等官吏瀆職之原因。由於東印度公司時代收入之不足。酧報之太輕。丹德爾士氏乃毅行官吏俸給之增高。設會計檢查院。Algemeene Reken Kamer 以調查整理金錢之出入。與夫會計記賬之檢閱。并揭發官吏一切不正之行爲。又土酋等對於土民之誅求收賄。私用强制勞役等等弊害。皆嚴禁之。土民之金錢支付。一切免經土酋之手。得與政府直接。此等保護土民之規定。特設檢查官。其違犯者。視罪之輕重。而處以罰金免黜死刑。此舉確爲丹德爾士氏保護土民之新政。東印度公司時代。殆無有顧及此者。蓋歷代總督。對於瀆職官吏之制裁取締。從未有注意及於土民之生活幸福。然丹德爾士氏之土民政策方針。乃受時代之影響。其赴任時。荷蘭王路易摩那巴特以留意土民幸福爲訓示。蓋當時歐洲之大震蕩。卽以法國革命之標語。「平等自由」爲新世界創造之導火線荷蘭王固忠實於此標語者也。然總督丹德爾士氏。既爲崇拜大拿翁之一人。其政治自然忠守此大革命之標語。故其土人政策。絕不出以躊躇。兼以其自己之專制的武斷性格。發揮更爲鮮明。實際總督眼中。何嘗注及土人之安寧。何以彼三年間之役使土人。事事出以高壓手段。如各地之軍港築造。道路敷設。皆厲行強制勞役。乃其一證。

東印度公司時代不良之制度。如關珍章 Contingent 及强制引渡等皆繼續存在。咖啡之强制栽培着着擴大。丹德爾士氏三年之治下。咖啡樹數由二千七百萬本增加至七千二萬本。其咖啡栽培之賃銀。每二百二十五磅爲一擔。初時付十一盾二十五仙。後復降爲十盾。此從事於咖啡强制栽培之土人。其精勤者得免除他項强制勞役之義務。丹德爾士氏對惹帝木材之栽培。更大施獎勵。前章所言森林苦役之土民。特與以便宜。卽給以生活必需之米鹽。并免除普通之强制勞役。此等農產業政策之施行。另設特別之監察局。以資取締。

丹德爾士氏行政方針。一言以盡之。嚴格的中央集權制度而已。東印度公司時代以來。各官吏得代行使總督之權限。殆全部收歸於巴達維亞政府之手。從前對蘇拉卡爾礁及日惹卡爾礁之土王國。爲利便計。設立有命令權之北海岸監督長官。丹德爾士氏亦廢止之。巴達維亞政府。從新派遣官吏。駐札於各土王國。東印度公司時代。交通不便。凡在屬領地域內。到處設有員役駐札。名爲靡里士特 Minister 卽代理之意。亦廢止之。分爪哇全部爲九洲。各洲設置直隸中央政府之州知事。以當統治之任。土民既受直接之統治。從前之土酋制度。所以供政府與土民之仲介者。亦無存在之必要。而土酋之爲政府官吏者。其任命權。皆收於總督任命官吏之權限內。

司法機關之確立。乃政治中之急務。丹德爾士氏力求此司法制度之統一。設立法庭警視所。Vredegerichten 各洲設地方裁判所。Landgerichten 所長以洲知事任之。次席以歐洲人官吏或祕書充之。其他之屬吏。則任用土人。殺人犯、教會竊盜 Templroof 及其他重大罪犯。設兩箇之國法院 Landraden 於三寶壠及泗拉末亞。受理之。土人逢不服判決時。得依法上控。此司法制度之統一。確爲土人莫大之福音。軍事犯罪司法。巴達維亞設有高等軍法院。Hooge Militarie Vierschaar

由來荷蘭對於宗教。爲比較的無關心之國。東印度公司時代。荷蘭國教爲勃羅德士丹士。Protestants 與羅馬加特利教 Roman Catkolics 分離。葡萄牙人之羅馬加特利教徒。東印度公司僅默認其外觀儀式而已。丹德爾士氏有宗教絕對的平等自由之宣言。並公認羅馬加特利教徒。

丹德爾士氏又創設言論機關。一八〇九年發行殖民地公報週刊。Coloniale Conrant 即今日之官報并新聞。然丹德爾士氏并不認言論之充分自由。關於殖民政策一般人之議論。須經過嚴格之檢閱。方許發表。以印度參議會之祕書官擔任此公報之檢閱。到底仍未能充分發揮社會之機能。

第二十六章　總督丹德爾士氏　(二)

總督丹德爾士氏之武人政治。與土王國之關係。目前雖不惹起何項問題。而暗中乃以種植後來之禍。元來東印度公司歷代總督。對於土王國繁難之外交。煞費苦心。專制武斷之丹德爾士氏。缺乏外交技倆之訓練。以當此土王國之衝。諸多不合。惟急於貫澈自己目的。以實現其嚴峻政策。而他非所顧。不知不覺之間。遂以貽日後之惡果。後來英國人侵入爪哇之際。土王等皆左袒於英國人。與荷蘭軍以大打擊。此即丹德爾士氏平時外交之失策。及其嚴峻政策所得之代價。

丹德爾士氏曼丹附近道路之布設。及眉溫灣軍港之築造工程。皆命曼丹國供給多數之勞役土人。就中眉溫灣軍港工事更難。眉温灣一帶地域。非常不健康。曼丹國王初次提供之勞働者一千五百餘名。全部病歿。丹德爾士氏再命其繼續提供。曼丹王以其勞役艱險。未敢應其要求。彼震怒土王之拒絕要求。命其攝政者將此主張拒絕之人引渡。且於上述眉溫灣軍港。及遷移王宮於安耶爾之工作。嚴命每日須有千名之勞働者之供給。并派遣吐本氏 Du Pug 爲監督。曼丹人對此齎來苛酷要求之吐本氏。憤而暗殺之。復襲殺土王近衞之荷蘭兵一部份。丹德爾士氏接此凶報。立時率千人之手兵。自進曼丹。指揮進戰。遂奪取曼丹市而占領之。並破毀其城塞。捕其攝政而射殺之。其死骸於衆人環視之中而投於海。復囚縛其王。而處以安汶之流刑。其翌日卽發出曼丹王國滅亡。其領土完全歸荷蘭王之領屬之宣言。除以一部份封其王子爲侯外。其餘悉直接受巴達維亞政府統轄。

丹德爾士氏就任總督之間。實行中央集權制。廢止北海岸監督官。設置各洲直隸中央之州知事。已如上述。其對各知事之訓令。對於土民。須臨以威望。使其絕對的服從荷蘭政府。不稍予以寬假。欲達此目的之手段。凡屬土王類似兒戲之尊嚴典禮。皆廢除之。一八〇八年。丹德爾士氏關於土王儀注事。發一新訓令。東印度公司時代。對此土王尊嚴儀注之問題。頗加以考慮。利用土王一種之自尊自負之虛榮心。以爲操縱之具。卒以收懷柔政策之效。例如土王祭典時。駐在地荷蘭知事、或其他員役等。必捧醇酒、及梹榔（俗稱絲里 Sirih ）以獻。丹德爾士氏以現在爲完全荷蘭國主權之發動起見。此舉徒以增長土王之驕傲。損害荷蘭政府之威嚴。乃訓令各知事等。對此敬意表示之舊例。完全廢止。同時幷令土王等不得用黃金日傘。官吏在土王面前。無脫帽之必要。丹德爾士氏關於儀注之訓令果爲土王之自尊心所不滿。土王等以王前不脫帽爲有意侮辱。提出抗議。丹德爾士氏置之不答。

其時梭羅蘇蘭與日惹蘇丹因部下之衝突。激起不和。咸汲汲擴張軍備。各出以强硬態度。丹德爾士氏對此二王之傾軋。初時居於傍觀之地。繼以蘇丹之擴張軍備。於荷蘭政府實有危險。思有以防遏之。適值日惹王室之內。有王位問題發生。蘇丹第三王妃懷挾野心。利用自己地位。陰謀僭奪。追逐王位承繼者之太子。而謀擁立其自己義子。元來王位問題。必經巴達維亞政府之承認。丹德爾士氏欲懲其不法。自率大軍由三寶壠攻入日惹。蘇丹攝於丹德爾士氏之軍威。自願引渡王位問題之陰謀者。與其數名之黨與。復願遵奉總督提出之要求條件。以求赦宥。丹德爾士氏認爲未滿足。遝入日惹王都。强制曼古巫呵娜二世退位。而以太子即王位。此新王所謂荷蘭政府之攝政者。司有日惹之政權。退位之前王。呼爲蘇丹什普 Sultan Sepoeh 基於丹德爾士氏之勸告。許其居住於王宮內。前王之徒黨。憤恨丹德爾士氏之虐遇。

企圖復讐。爲反荷蘭之運動。丹德爾士氏終任後。反荷蘭之運動。尚繼續未已。暗通款於英國人。爲巴達維亞政府所苦。

丹德爾士氏事業之再可記者。蘭領東印度首都巴達維亞市之改善。最爲努力。巴達維亞市。自十七世紀末葉以來。火山噴發。芝里滃河砂土堆積。惡水充溢。成爲非常不健康之地。市之週圍澤沼。全爲蚊蟲之發生地。惡性之熱病。猖獗蔓延。市民死亡率比前增多十倍。此巴達維亞病疫之驅除。竟非常法所能奏效。丹德爾士氏先爲惡水之疎通。開鑿多數之運河。與排水之溝渠。次再拆除無用之塞廓城牆。俾海風之吹入。巴達維亞衛生狀態。至是面目一新。市街上海風徐徐吹襲而來。丹德爾士氏復分別商業辦事所區域、與住宅區域。實行其都市計畫。選定衞德夫里登爲住宅最良之地。彼自先親身作則。搆新邸宅於其間。兵營、病院、政府各官署機關。以及社交俱樂部。相繼移住。從此凡政府官吏住宅。皆建築於高燥清潔的青草之原。一八一五年。命名爲窪德爾羅衢園。Waterlooplein

總督丹德爾士氏之爪哇行政。大都積極的排除障礙困難。以進行其新事業。當然有巨額費用支出之必要。如官吏俸給之增高。大道路之築造。海陸軍備之擴張。蘇丹之討伐費。巴達維亞之改善等之主要事業。必有巨額國庫之提供。然荷蘭本國內外多端。財政窘乏。到底無接濟殖民地之餘力。非於印度內籌有相當之國庫收入不爲功。然巴達維亞政府之主要財源。印度物產之輸出貿易。既已不振。大數量之貨物。充滿政府倉庫。其間僅有中立國商人多少之交易。如斯情勢。安有巨大財政之來源。以濟此必需之經費。丹德爾士氏乃以國有土地之一部份。賣於私人。就中有班那魯干、及普羅摩莽莪、廣大之土地。以約二百五十萬盾之價。爲中國人顧問韓德高所承買。此代價金以一定期限之內分次攤交巴達維亞政府。迫於支出之緊急。到底於右之期間。緩不及待。乃變通辦理。以右之代價金爲準備。而發行所謂普羅摩莽莪紙幣。由政府聲明擔保兌換銀貨。一般人之熟知財政實況者。對其兌換。多懷疑問。普羅摩莽莪紙幣之流通。遂受影響。市價上每紙幣二十五盾。僅値現銀十盾。丹德爾士氏强制此紙幣依照全面額之流通。又欲以堅政府之信用。總督自身買入十二萬盾以爲倡。

國有土地出賣外。丹德爾士氏更行所謂强制借款之法。卽令私人以一定之銀額。貸付於政府。其他阿片專賣之承辦。米之專賣等。土人收穫之米。以一定之價格。收於政府之手。復由政府賣出。以供民間消費。其中不尠利益之霑。此等方法。對於巴達維亞政府龐大之支出能否救濟。殊無把握。丹德爾士氏遂挪用官營典舖、孤兒院、之儲金。藉以濟急。而濫發行紙幣。以備塡還。荷蘭東印度政府財政金融。至此而愈紊亂。

以上丹德爾士氏之活動。僅限於爪哇。蓋彼以爪哇爲最重要。傾注其全力。而外領殆出以放任態度。間有二三重要地點。如曼惹馬辰、望嘉錫、巴南夢等。僅有最少限度之防備。惟摩鹿哥諸島爲香料通商之重要地。丹德爾士氏大爲注意。以安汶爲防備之中心。派法國人大佐菲爾西氏。Filz 率兵千五百名駐屯之。一八一〇年。英國艦隊突然由海上炮擊。並以三百餘名陸戰隊侵入。菲爾西氏大佐不戰而降。旋爲英軍釋放。事後來巴達維亞復命。丹德爾士氏以菲爾西大佐屈辱敗北。逮交高等軍法院。基於軍法會議之判決。宣告死刑。乃與以鎗斃。菲爾西氏大佐安汶之敗衂降服。罔難免怯懦之責。然究論根本問題。丹德爾士氏自身亦負大部份之責任。何以總督丹德爾士氏急於爪哇之統治。而怠懈於外領之防備。以英國人虎視鷹瞵之安汶。而僅有菲爾西氏大佐千數名之駐守。未能充分策應。加之、糧食之缺乏。財政之窮迫。無援助之補充。菲爾西氏大佐。對於土人兵。欲加以訓練而不可能。遂至英國人侵入時。土人兵不用命。以至屈服。此種失策之事。奚止安汶。特那特之駐紮指揮官靡德曼氏 Van Metman 之部下。當英國人來侵時。有五百名之土人兵。皆左袒於英國軍。其他主要地域。以同樣之事態。而爲英國人所侵入者。實屬不少。

一八一〇年。荷蘭與法國合併。爲崇拜大拿翁之丹德爾士氏所大喜。豈料彼之政敵。漸漸多數。以至爲大拿翁所不信任。荷蘭王路易摩那巴。既不慊於丹德爾士氏之有勇無謀。而荷蘭多數之政治家。一樣對丹德爾士氏之壓制的殖民政策。起而批難。由是彼之推薦者大拿翁。亦對於丹德爾士氏之印度統治政策大起猜疑。乃命丹德爾士氏退職。後任總督就任後。二十四時間內退出東印度。一方任命然申士將軍 General Janssens 繼任總督。一八一一年五月十六日丹德爾士氏卸職。歸還歐洲。後再入軍隊。一八一二年隨大拿翁征伐俄羅斯。大拿翁歿落。荷蘭獨立。維威一世執政。派遣丹德爾士氏爲菲洲西海岸蘭領殖民地監督。一八一七年死於其地。年正五十歲。出身愛國之革命家中間爲獨裁的英雄之活動。終於坎坷不遇。以埋於西菲洲之土。丹德爾士氏固蘭領東印度史中赫赫之一人。至今爪哇人間。猶稱爲如雷之主人。Toewan Besar Goentoer

第二十七章　英國統治時代

丹德爾士氏失大拿翁及路易摩那巴之信任而去職。繼任總督者爲然申士將軍。彼於一八〇六年在好望角殖民地。受强大英軍攻擊之際。僅以陸軍二聯隊之弱。而迎敵艦三艘。死力奮鬬。稱爲武勇之將軍。今又繼丹德爾士氏之後。而膺印度統治之重任。亦不無難色。彼雖如何强剛果斷。然司此難局多端之巴達維亞政府。決非容易之業。丹德爾士氏高壓的統治政策。三年之短期間。未完成之事務。到處糾紛。殆無復收拾整理之希望。人民苦於丹德爾士氏之誅求苛酷。怨聲載道。土王侯一樣懷惡感於荷蘭政府。內之而人心離貳。外之而荷蘭本國之交通。爲英國海上權所遮斷。且英領印度政府懷其野心以伺機會。然申士將軍就任之後。如何拔此難關。當時巴達維亞政府之軍備設施。雖經丹德爾士氏之努力。仍然貧弱。又值惡疫流行。襲入於設備不完全之兵營。兵士一時呻吟於病榻者。達二千五百餘名。從前東印度羣島募集之土人兵混成隊。以丹德爾士氏之嚴格訓練。戰鬬力尚不充分。今如斯多數之兵士罹於病疫。其戰鬬力之弱小可想而知。總督然申士氏乃引用其自己之知友法國將軍柔靡爾氏 Gumel 以當陸軍司令官。此智勇名將之招來。或能有奇畧之戰法。以備强大英國軍之襲來。

一八一一年八月四日。約有百艘之英國艦隊。突然發現於巴達維亞港外。其總指揮官爲英國總督敏多卿。Lord Minto 其參謀爲屋摩帝將軍。General Auchmuty 及嶷里士彼大佐。Kolonel Gillispie 英國軍一方於海上炮擊巴達維亞市。他方同時以一萬五千名之兵。軍馬五百匹。組織陸戰隊上陸。一舉而奪取巴達維亞。而荷蘭軍方面。僅有八千兵之防備。柔靡爾將軍第一防線失敗。退出巴達維亞。而維持衛德夫里登第二防線。從新整理陣容。鼓舞士氣。以挽回危局。然申士總督。親立於靡士特關尼里防線之前。阻止英國軍之進攻。時英國總指揮官敏多卿。乘戰勝之勢。派遣軍使於然申士總督。勸令歸降。爲總督所拒絕。英國軍乃開始總攻擊。柔靡爾將軍勇敢迎戰。着着退敗。大勢垂危。然申士總督叱咤全軍。冒突於槍林炮雨中。力盡而無所措。忠勇之兵士。大部份爲英軍所捕。然申士總督乃以身逃。僅率少數之手兵。而走於三寶壟。得爪哇中部土王侯等之援助。免受英軍之蹂躪。三寶壟之南約一時間可達之士蘆多爾 Srondol 鄉村。發見一要塞。乃以茲爲防禦線。惟政府軍自巴達維亞敗衂後。土兵散失。此士蘆多爾新要塞之防護兵力。尚不充分。不得不用新募之兵。與蘇拉卡爾礁日惹卡爾礁之援兵。其實土王侯並非真實祖助於政府軍者。假應援之名。而懷觀望之實。故英國軍由三寶壟上陸。開始一擊。而前線之土人兵。忽四散潰走。然申士氏總督再退於溫亞壟。Oengaran 而據有敦丹 Toentans 要塞。英軍猛烈攻擊。而政府軍再戰再敗。是役也不獨英軍兵力之雄厚。且有一事足與荷蘭軍以致命傷。卽戰半而一部份之土人兵悖叛。暗殺麥爾持羅大佐、Bartlo 及數名有力之指揮官。加之、日惹卡爾礁蘇丹。業已與英軍秘密通款。其應援之軍隊。每臨荷蘭軍之危時。皆取傍觀的態度。此二者之失算。遂使勇猛有名之然申士總督。至於降伏。無再起之勇。英國軍提出苛酷條件要求。然申士總督無條件承認。卽所謂敦丹媾和條約也。此條約內容主要如次。

一　全爪哇及其附屬地域全部讓渡於英國。

二　凡荷蘭軍隊之被俘虜者。悉數返還之。

三　英國對法國統治時代之巴達維亞政府之負債。不負何等責任。

四　凡從來官吏無何等不服之表示者。得以同一官職。服務於英國統治之下。

斯爲英國最有利之條件。爪哇全土。容易收入其掌中。從茲爪哇遂爲英國東印度公司領土之一部份。

英國副總督萊佛士氏

英國之統治爪哇。由一八一一年迄一八一七年返還荷蘭。僅六年之短期間。而其殖民政策之設施。於爪哇政治上呈莫大之變化。吾人今再爲說明之。

敏多卿拔擢有名之萊佛士氏 Thomas Stamford Raffles 以膺此新領土統治之責。對於舊蘭領地域。分爲四大區。一馬拉甲。二蘇門搭臘西海岸。三摩鹿哥諸島。四爪哇及其附屬地。各區設有中心政廳以司統治。就中爪哇一區。萊佛士氏爲副總督。而敏多卿自身爲監督。此爪哇附屬地中。如馬渡拉、巴南夢、望嘉錫、婆羅洲、與他海峽諸島。皆包括在內。上述各區。前三者在英國統治時代。無甚注意。其情勢一如舊態。惟爪哇一區。以萊佛士氏總督之發揮。政治上多所興革。可謂爲爪哇進化程序中之一關鍵。

萊佛士氏最初參加印度事業。以至受副總督之任命。爲時僅有六年。彼乃一少壯之士。由二等書記官之地位。一躍而負爪哇統治之大責任。如何而得敏多卿之知遇。決非平常人物。萊佛士氏以英國印度事業之成功。當然稱霸於東印度羣島。與荷蘭並立爲不可能。屢屢進言於敏多卿總督。彼早注目於爪哇。以爲可與英領印度相對比。稱爲「第二印度」。敏多卿大爲所動。卽命彼爲征服爪哇之準備。萊佛士氏深識此大事業之成功。不徒恃有最後之兵力。當先用意於荷蘭勢力之龜裂。乃放間諜多名。到處偵查其情勢。同時寄書於巴南夢、蘇拉卡爾礁、及日惹卡爾礁等有力之土王侯。誘致其通款。實行離間策畫。適值土王及王侯等怨恨丹德爾士氏之苛政。對荷蘭之信賴心頗弱。正望有荷蘭以外之援手出來。萊佛士氏巧捉此機會。與土王侯結約。以荷蘭爲共同之敵。此準備成後。乃一舉而敗之。萊佛士氏似早知英國軍之必戰勝荷蘭軍者。不然。何以敦丹條約未成立之先。敏多卿已任命萊佛士氏爲副總督。英國軍如何自信操有勝算。可想像而知。

副總督萊佛士氏爲統一行政秩序計。設最高之輔助機關諮問參議會。Advise Renden Baad任命嶷里士彼氏大佐、及荷蘭人卡蘭申氏 Craissen 文登廈氏、Muntinghe 三人爲委員。當時爪哇統治之幹部人材難得。就中以文登廈氏爲最精通印度事情者。其賅博卓絕之識見。與萊佛士氏遠大高邁之氣魄相濟美。百般統治乃着着就緒。此英國新政府之最努力者。自丹德爾士氏以來。對土王侯之關係甚缺圓滿。一般土人對歐洲人之態度常不安定。邇來曼丹問題。與政府所在地相接近。更不能出以放任。例如曼丹人亞哈靡特。Ahmed 得萊佛士氏部下之後援。高舉反旗。以僭奪前時丹德爾士氏所立曼丹王之王位。萊佛士氏初意扶亞哈靡特起而搗亂。祇以破壞荷蘭之勢力。初無亞哈靡特王位之必要。加之、彼之存立。却爲巴達維亞政府之後禍。萊佛士氏乃逕捕亞哈靡特。處以曼礁島流刑。而以舊王復位。曼丹國王。依政府保安領土之名之下。與萊佛士氏副總督。於一八一三年締結一協約。依此協約。

曼丹國領土幷其王位。讓渡於英國。且年以一萬金元納貢政府。如斯曼丹王國事實上已亡。僅擁空名之蘇丹。以一八一五年死。其後新王亦於一八三二年爲荷蘭巴達維亞政府流謫於蘇拉末亞。此曼丹國名。遂歸消滅。徒爲蘭領地理上之名詞而已。萊佛士氏於井里汶。亦以同一之方策。操縱其蘇丹。使爲讓渡實權及入貢年金之承認。然萊佛士氏巧妙之外交。獨於蘇拉卡爾礁及日惹卡爾礁二王國。費多少之苦心。日惹卡爾礁之蘇丹什普。得英國之援。反荷蘭之氣勢甚高。漸漸擴張其勢力。從前所失之種種特權。次第恢復。例如丹德爾士氏所破棄之土王儀注。今已復活。蘇丹什普之理想。不獨欲脫荷蘭之羈絆。且欲以排斥白人之勢力。英國得此干涉之好機會。以前此援助恩惠爲口實而責問之。又值駐紮日惹卡爾官吏卡拉衞佛爾氏 Crowford 報告。謂蘇丹什普、及蘇拉卡爾礁蘇蘭。反歐態度日益顯著。萊佛士氏以爲與此等土王國對手而訴之干戈。終非得策。仍欲以外交手段行其懷柔之政策。萊佛士氏乃親訪其首都。出以大讓步態度。求友誼的諒解。蘇丹什普誤解萊佛士氏之意。謂其讓步爲無力。到底去和親之途愈遠。萊佛士氏乃決用高壓之干涉。與疑里士彼大佐率强大之陸軍一隊。指揮進兵。一八一二年六月二十日。一舉而奪取王宮。捕蘇蘭什普而處以西蘭島終身流刑。其後王子安蒙古巫呵娜三世。卽王位。割讓葛都 Kadoe 及其他域。又奪取前王蘇丹什普所屬之王室財寶價値約二百萬盾。依英國戰時法爲相當之捕獲品。又仿照一七五七年荷蘭東印度公司乘第三次王位承繼之戰爭。於土王國內設一小侯國之慣例。（參照第二十二章）萊佛士氏亦於日惹卡爾礁王國內設一緩衝的小侯國。封那多・古蘇摩 Noto Koesoemo 爲侯。新稱爲巴古・亞纜。Pakoe Alam 派遣政府軍騎兵隊百名。駐紮防備。然土王國內之排歐運動。仍未終熄。形勢依然不安。萊佛士氏再到王城。以自己之提案。强制土王承認。卽葛都所餘之地域。皆歸於政府之手。土王國內之陸軍。以僅敷王城近衞之數爲限。又關珍章及强制納貢之制度。一律廢止。國境通過稅。Tolpoosten 由政府直接管理。從茲土王國完全失去勢力。唯有傳統的王位空名之存續而已。

馬渡拉、巴南夢、望嘉錫、西婆羅洲、巽他海峽諸島。所謂爪哇附屬地者。於茲亦有可記述之變化。就中以巴南夢爲較大問題。萊佛士氏征略爪哇計畫進行之先。曾煽動巴南夢王反抗荷蘭。結有一種協定。其結局、土王反歐之氣勢益烈。一八一一年虐殺領內駐劄之政府官吏。及兵士二十四人名之白人、六十三名之土人。萊佛士氏聞知。以責問虐殺爲名。派遣討伐隊。一舉而奪取巴南夢市。迫令巴南夢王退位。而另立新王。此新王對一八一一年殺戮事件之賠償。以有名的錫產地網加、Banka 及美里洞。Billiton 讓渡於政府。西里伯島當時以莫尼國之亞魯巴臘。Aroepalakk 爲最有勢力執幾多小侯國等之牛耳。政府幾度對彼派遣討伐隊。而終於失敗。後來亞魯巴臘勢力漸墜。迄荷蘭東印度主權回復後。乃歸順於荷蘭政府。萊佛士氏行政上之區畫。爪哇全土。分爲十八個地方。蘇拉卡爾礁及日惹卡爾礁含內。彼對各方面舊制度。或廢或改。而實行其新制度。從來荷蘭政府對土人所採之强制勞働、關珍章、强制栽培、諸制度。亘爪哇全土。一律廢止。而代以土地徵稅制度。Landreatestelsel 依照征服條約。凡領境內土地。全部歸屬於巴達維亞政府。而定爲國有土地。Governement Landen 此等土地之居住者或耕作者。每年須納一定之地稅。其稅率視土地之肥瘠、交通之便否爲差別。最豐饒之沼澤耕地。以其收獲量二分之一爲標準。磽确低級之耕地。以收獲量四分之一爲標準。他皆準此。此租稅得以現品實物、或以金銀繳交。其收稅之方法。以村落爲本位。由其代表之村長征收之。此方法原爲爪哇社會相傳之習慣。然村長等既擅有征稅權。自然多不當之誅求。爲土人所苦。一八一三年末。乃改爲政府直接征稅之法。而結果反多障礙。元來村落課稅所以適用於爪哇者。卽爪哇土人之社會生活。以村落爲中心。質言之。卽團體生活。視同一國一洲。彼等對其村長。有忠實奉從之義務。驟然有政府直接的課稅。彼等不勝怪訝。而多誤解。卒致稅收非常澀滯。招來一時意外之不結果。萊佛士氏對此土地收稅制度。原以施行全爪哇。惟渤淚安一洲在其例外。此州於新制度公布後。仍保留其咖啡强制栽培舊制度。此例外之設。蓋以渤淚安洲咖啡强制栽培。行之已久。生產額甚巨。爲政府財政一部份之來源。在此財政貧乏之時代中。不能不賴此幾分之補助。萊佛士氏對於勞働强制之制度。最初有一律廢止之宣言。惟惹帝木材之出產地。仍依舊維持其舊制度。以經營森林事業。其他如道路之築造。橋梁之架設等公共交通機關之整理。皆廢除强制勞働。致惹起財政上之困難。

萊佛士氏對於奴隸及人質惡習之禁止。亦爲其最良之政績。彼於一八一二年先規定奴隸使役主之課稅條例。以促成使役主之感受困難。復於一八一四年公布禁止奴隸之買賣。又從來警察官依奴隸使役主之請求。得逕拘捕其奴隸。故使役主常有迫害奴隸之事。此惡例一併廢止。故英國統治之期間中。奴隸數非常減少。人質爲爪哇惡習慣之一。凡債權者。對債務者要求其債務履行時。債務者爲履行債務之保證。須以自身服其無酧報之勞役。倘債務者自身不能服役時。須以其妻子爲質。以代之。未開化之土人生活。原無巨額之債務。但其償還之途極尠。故不問其債額之多寡。得直取人質。而奪其自由之勞動。彼等債務不能償還。即入質者永久不得自由。全然爲一種變相之奴隸制度。萊佛士氏對此人質制度。絕對禁止。

司法制度之改良。亦萊佛士氏政績之一。司法制度之確立。丹德爾士氏已樹其基礎。而萊佛士氏尙以爲未足。先於土人司法。各洲設一國法院。又設三箇之巡回裁判所。Reeht Banken Ommegang 以便移動巡回於各地。歐洲人之司法機關。設立三箇之司法院於巴達維亞三寶壟蘇拉末亞。(Raad Van Justitie) 此等歐洲人對於法律所用之巴達維亞律令。萊佛士氏亦加以多少之修補。又出其新機軸。仿照英國司法制度。於司法院、巡迴裁判所、兩機關。設置陪審官。Jurg 而廢止刑訊拷問之惡例。萊佛士氏以副總督之資格。握有大赦權。判決中止之命令權。司法上之審查拒否權。

財政問題。以丹德爾士氏之放慢。財政上愈形紊亂。其濫發紙幣之額。實在可驚。致陷政府一時於窮地。事實上已成不換紙幣。皆在額面之下行使。此財政之整理。最爲萊佛士氏所棘手。依彼土地收稅制度之收入。以資整理。仍屬困難之事。於茲乃有一八一三年頒行國有土地之賣付。以資補充。最初以加拉灣 Krawang 及渤淚安之廣大土地賣却。其收入所得。尙不能舉得豫期之成績。萊佛士氏自身及友人。乃共同於蘇加巫靡。Soekaboemi 以箇人名義。買受政府所有之農園。曩時丹德爾士氏賣與中國人之普羅摩莽莪、麥蘇基、班那魯干、等土地。地主與農民之間。常發生糾葛。萊佛士氏乃設法買回。依舊爲國有土地。土地政策。爲殖民地最困難問題。土地賣出。政府僅以濟一時之窮。勿論其成績如何。而其結果常以貽後來之禍。今日荷蘭政府對此賣出土地固有收回之必要。但須有巨額支出之財源。爲其所棘手。依上述土地收稅制度、國有地賣付等所收入。尙不能得國庫之充實。萊佛士氏乃更施行鹽之專賣。輸入稅之賦課。從來政府以製鹽所出貸於中國人。其製品卽歸中國人直接販賣。政府僅收入其貸金。而依販賣所生之利益。全部歸於中國商之手。一八一三年末。政府收回製鹽所。自任經營。開設多數之販賣所。土王國例外。并禁止私人鹽之販賣。鹽之專賣乃確立。土人以前須以高價購自中國商。今則容易得購廉價之鹽。政府亦收得莫大之利益。鹽專賣以外。爲國庫有力之財源者。如亞納酒。卽土人以椰子或米砂糖製出之飮料之釀造稅。及百分之十三輸入稅（後改爲百分之六）等。

萊佛士氏之政治中。與從來之總督異色者。卽其注意於東印度地方之學術的研究調查。彼自於政治公開進而從事於學術。十八世紀末葉巴達維亞創設之美術學藝協會。(Bataviasch Genootschap Van Kunsten en Wetaansohappen) 彼卽爲最有力會員之一人。同時復援助幾多學者之調查研究。就中有美國人和爾士菲爾特氏、Horsfield 英國人馬景西氏、Mackonsie 及卡拉菲爾特氏 Crawford 等最著名。萊佛士氏對於爪哇歷史造詣甚深。其後著成「爪哇歷史」一書。(History of Java) 今日尙爲硏究爪哇者有力之參考書。爲世人所尊重。然公平論之彼之爪哇歷史立論每多偏見之處。何者、彼立論之根據。荷蘭之殖民政策。每以為非。而英國政策則以為是。凡荷蘭政府有一二不利益之點。多受其批評。反之、而萊佛士氏自身之行政。常出以自畫自讚之語。

副總督萊佛士氏殖民地經營之間。歐洲再起重大之政治的變動。大拿翁摩士哥 Moscow (俄羅斯境)之敗。已不能維持其歐洲霸權。一八一四年大拿翁摧倒。荷蘭脫離法國而獨立。其他諸國同樣回復其獨立。前時受大拿翁所蹂躪諸國。以大拿翁之失敗。咸增設牆壁。冀免再受法國昔日之禍。就中得免大拿翁魔手之英國。對法國為緩衝的設施。以利用荷蘭為得策。若荷蘭與比利時一致有實力之防備。以牽制法國。則英國願以舊荷蘭殖民地。返還和蘭。蓋英國對東印度殖民地之保有。不若其自國安全為重要。荷蘭王維廉一世。窺知英國之用意。即利用其弱點。以其利己的提案。為反對之提議。凡舊蘭領殖民地返還外。錫蘭島(若錫蘭島除外須以金錢賠償為代)亦應一例讓渡。此過大之要求。為英國所難容納。結局、駐英荷蘭全權哈格爾氏 Fagel 於一八一四年八月十三日署名於英國所提出、『錫蘭島好望角殖民地、西印度義安那 Guiana 西部地方、及外印度幾多之商館除外、舊蘭領殖民地返還。又網加島以外印度海岸地哥震 Cochin 為交換而讓渡、』之協約。然倫敦所成立之殖民地返還協約。僅四日間而作成。殆未經過慎重之審議。其條文甚缺明瞭。留幾多之疑義。其後印度殖民地交代。事實上遂有幾多之爭執問題發生。

殖民地返還協約締結後。萊佛士氏大爲失望。彼接到協約締結之報知後。旋卽上書於英本國政府。以保留爪哇及其附屬地於英國之手爲要求。惜已遲不濟事。大拿翁忽然脫出挨爾末島。Elba（在地中海意大利境）帝位之運動復活。萊佛士氏希望此協約之廢棄。傾全力於爪哇統治。以完成其殖民地政策。萊佛士氏引此返還協約爲終身之憾。因其希望之切。而愈失意。乃放擲一切。一八一六年三月。英國政府任命新副總督約翰軒塔爾氏。Johofendall 繼任。萊佛士氏卸職後。曾一度歸返英國。

新任副總督軒塔爾氏基此返還協約。一八一六年八月十九日。會同荷蘭派來之接收殖民地委員。實行爪哇及其附屬地之讓渡。

第二十八章　殖民地返還荷蘭

舊蘭領殖民地之返還。荷蘭與英國之交涉。無豫定之步驟。中間經過細目事項協議之遲延。故讓渡手續。迄未實行。一八一四年。荷蘭離法國而獨立。新憲法編成。依此新憲法。有殖民地統治、由荷蘭最高主權者行之、之明文。卽荷蘭國王。得絕對行使殖民地統治權。荷蘭國會無干預之必要。換言之。卽殖民地直隸於國王。其統治行政。初由商務殖民部 Departement Van Koophandel en Koloniën 當之。其後一八一八年改稱爲教育產業殖民部。Departement Van Onderwijs Nationale Nijverheid en Kolonien

殖民地返還協約批准之間。設置實行委員三人。Commissaris General 當協約履行之任。以接收殖民地爲目的。爲一時的機關。非永久的機關。殖民地接收後。同時并以確立印度政策之根本方針。此實行委員。由國王選任伊律氏 Elout 卡勃爾連氏男爵 G. A. Baron Van der Copellen 及武伊士吉士氏 A. A. Buijskes 三人。伊律氏於一八〇五年與格拉士衞爾氏同被派來印度。旋奉本國政府召回。(參照第二十四章)卡勃爾連男爵。於荷蘭久年盡瘁國事。爲有功人物。武伊士吉士氏爲海軍將官。久駐印度。以副總督而爲丹德爾士氏總督之輔佐。稱爲敏

伊律氏

腕人才。印度問題。以氏爲最熟識。右三委員之中。伊律氏爲委員長。不論何等問題發生。委員長皆有召集會議之必要。事實上、殖民地統治行政權。皆由卡勃爾連男爵操之。而武伊士吉士氏則專當海軍方面之指揮監督。故殖民地接收後。卡勃爾連氏遂被任爲總督。實行委員等荷蘭出發之間。適值大拿翁脫出挨爾未島。再握法國政權。歐洲各國之安危。繫於骰子之一擲。若大拿翁之軍勝利。荷蘭再受法國支配。彼殖民地返還協約之履行。必不可能。幸而大拿翁滑鐵盧 Waterloo 之戰。一敗不振。荷蘭無變局之憂。實行委員等。乃於一八一五年向印度出發。

卡勃爾連氏

到着後卽着手於接收之進行。初時協商步驟頗見順調。其後英國副總督軒塔爾氏。不急於解決。彼以未接到倫敦及印度政府正式訓令。無單獨實行讓渡之權爲口實。蓋當時居留印度之英國人。以歐洲國際未充分安定。或有何等複雜之變局發生。希望此協約之潰裂。得維持東印度於自己之手。然英國人之期待正切。而本國協約履行之訓令已到。副總督軒塔爾氏。遂於八月十九日與荷蘭實行委員等。基此殖民地返還之協約。而實行讓渡。是日兩國之間。行讓渡之儀式。極其莊重。關於此事之記錄如次。「實行委員等於午前七時率護衞騎兵一隊。蒞於巴達維亞市之公會堂。英國副總督偕副官出迎。行入場式。公會堂前之廣場。英國與荷蘭軍隊堵列。實行委員等到場。先奏荷蘭 Wilhelmus 國歌。兩國委員列席之上。朗讀英國政府以爪哇及其附屬地讓渡於荷蘭之宣言。同時發祝炮二十一響。英國國旗引下。而高揭荷蘭國旗。蘭英兩國 Wilkelmus 與 God Save the King 國歌。相次吹奏。外港泊碇之船艦。亦不斷的放炮致祝。其夕英國副總督招待於哈爾摩尼 Harmonie 之俱樂部。開盛大之晚餐會」云云。

武伊士吉士氏

爪哇讓渡竣事。巴南夢、網加、曼惹馬辰等。忽有多少之困難。未能解決。交代一八一八年末。蘇門搭臘更有意外之阻礙。何者。蘇門搭臘南方之蒙古粦 Beukoelen 地方。英國忽於其時任命萊佛士氏爲監督。從事於讓渡上各種之防害運動。萊佛士氏此次出來。卽欲維持蘇門搭臘爲英國領土。

英國統治時代。依萊佛士氏之努力。爪哇已呈異色之發展。始終僅六個年間。以視丹德爾士氏時代。已大有整理之觀。東印度統治權再歸荷蘭。有幾多未解決之問題。土王國及土人之關係缺乏圓滿。財政狀態仍屬窮乏。荷蘭本國。亦以財政支絀之故。無援助之餘力。海軍力之防備全缺。祇有實行委員等帶來千八百名之陸軍。以撑持此難局。漸次見東印度統治之曙光。實行委員等卡勃爾連男爵。在靡珍梭諾。總攬一切行政。而伊律氏及武伊士吉士氏。則巡回於各地。以當監督之任。實行委員對殖民地統治之根本方針。乃受荷蘭國王之訓示而來。殖民地根本法。認爲有編輯成文之必要。基於一八〇四年亞細亞殖民地特許律令之主旨。編成統治章程。Regeerings = Reglement 此統治章程。卽與特許律令同樣實施。

東印度之最高統治權。總督依國王之名而行使之。其輔佐機關。爲印度參議會。萊佛士氏所制定之爪哇州區。大體依舊維持。設二十人之州知事。外領設監督官。州知事之權限。有確定之範圍。土人行政由土人酋長司之。司法制度。除保存英國統治時代之良制度外。再加以幾多之改良。土人司法機關國法院組織之更改。歐洲人院長之下。兼用土人之裁判官。同時設控訴院 Hof Van Appel 爲司法全體之監督機關。復於巴達維亞設立高等法院。Hoog Gerechts hof 斯爲司法最高之機關。關於監督整理財政上之錯雜事務。及其會計之正確事。設立財政局 Raad Van Finan Ciën 及會計院。Rekenkamer

東印度公司曩時所採土人政策之農產業商業主義。隨時代而推移。萊佛士氏以來。已着着傾向於自由主義。一八一五年之統治章程發表。此自由主義更見鮮明。實行委員長伊律氏。在荷蘭出發之先。早有「殖民地政策、須努力以求土人之福祉、從來土人呪詛之目標、東印度公司以來之獨占制度、涉於誅求政策者、全部廢止」之宣言。實際比萊佛士氏更進一步。自由主義之範圍。卽荷蘭人與外國人之間。商業聽其自由。惟有一例外。獨占之香料通商。仍不許與私人。此外荷蘭自國人之通商。以特惠關稅爲保護。決不與自由通商主義有所破壞。

農業方面。萊佛士氏以來。已大改良。施行土地收稅制度。而廢除舊制度。無非以謀減輕土人擔負之意。惟其土地收稅之賦課方法。以村落爲單位。此方法實未考慮及於概算之基礎。村落單位總稅額之決定。難得公平。最公平之方法。應以各人現在之耕作面積爲單位。全耕作地之肥瘠。另行澈底調查。而改爲個人課税。Hoofdelijken Aanslag 然此土地臺賬之從新作成。斷非一朝一夕之事。此時着手於測量步驟遲遲。殆難完成其豫想。

爪哇土人之社會生活。以村落爲中心。其村長握有事實上之支配權。弊害決不在尠。爲土人生活之真幸福計。當以除去此弊害爲急務。爪哇自古代以來。土地公有 Ambdelijk Landbezit 之惡制度。繼續存在。此土地公有。土人首長或官吏。得以一定之地域。供其私用或出賃於他人。征收其現品或收穫品之一部份。有課税之特權。此等特權之濫用。土人等常苦其誅求。蓋此土地公有。不啻爲首長或官吏等職務上之報酬。今宜廢止之。而給與以定額之辛俸。又從來首長或官吏等個人私益之商業工業關係。常利用其地位。多不正當之行爲。此等服務公職之人。應禁止其私人營業。此外首長依村落契約 Dessa Contract 名義之下。得强制土人。以其收穫品納貢。此等首長與鄉民之締約。亦一例禁止。司法之改良。以保護土民抑壓首長之橫暴爲主旨。爪哇及馬渡拉奴隸買賣之禁止。制定多種保護奴隸條例。人質之風。自萊佛士氏以來。亦漸次絕跡。惟外領尚有此等蠻習。僅以有限制的規定。矯正其弊害。

爪哇之經濟發展。以資本及科學智識。開拓其豐饒之土地。且能利用豐富之勞力。政府努力於歐洲多數殖民之移入。及各國盛大之投資。乃得奏成功。依上所述實行委員等所採自由主義之根本方針。確爲適應時代之殖民政策。唯其宣言之聲明。迄未實行。一八三〇年再逆轉而採用强壓的殖民政策。是爲荷蘭殖民政策上之一抹黑影。

實行委員之統治時代內政上有幾多重大之興革問題。外政上僅曼丹及井里汶地方小有騷擾。爲比較的平穩者。一八一八年末。外領各島之讓渡將完。實行委員之主要任務終了。最後乃制定「亞細亞殖民地之施政、司法、栽培、通商等規則大都本自由主義而設。從一八一五年統治章程出來。一八一九年初實行委員等使命已完。乃委全權於同僚卡勃爾連男爵之手。改稱爲總督。伊律氏武伊士吉士氏二人歸荷蘭。伊律氏旋任命爲殖民大臣。Minister Van Kolonien

第二十九章　總督卡勃爾連氏時代

實行委員等以印度統治全權。托於總督卡勃爾連氏之手。而卡勃爾連氏之行政方針。乃與一八一五年統治章程中之自由主義。全然相反。蓋彼實一保守家。殖民地本位之統治策。一朝棄去。不惜違反先人之意。

實行委員等依保護土人之目的。而廢棄土人首長等之各等特權。一八二〇年前項特權復活。土人等依舊處於首長壓制之下。歐洲人之農業工業。以實行委員等之獎勵。漸有勃興之氣運。卡勃爾連總督。不能完成其發展。有幾多之事實皆有妨害於彼等之計畫。一八二一年亘一八二三年間。制定諸種條例。歐洲人之居住於勃泿安州者。着着加以限制。因之其企業皆受壓迫。彼之行政。就中如產業政策。常多壓迫民業之事。吾人觀政府經營之產業。屢屢侵奪民業之利益。如斯方針。殊不可解。從前實行委員等所廢止之土地公有制度。土王國內復活。且其制度組織上。因有多少之變更。而其弊害更大。何者、除廢土地公有而確定其土地所有權。土人等始有土地上之權利。得以代價而讓渡於歐洲人。歐洲人對於住在地土人。得結一定之契約貸與以土地。而栽培其歐洲市場所需要之土產品。如耕作地與土人居住村落遠離者。得免除土地賃銀之繳交。此一種小農作制度。爲土人等最確實勞働之機會。且得有安全豐富收入之途。歐洲人之企業家。亦得漸次扶植其勢力。如斯企業家、乃至投資家、土人勞働者之地位確立。所謂近代的經濟諸要素俱備。爲促進爪哇經濟的發展最善之方法。此小農作制度。全出於殖民大臣伊律氏之創意。然總督卡勃爾連氏既傾向於保守主義。對此小農作制度。往往出以有妨礙的態度。吾人甚以爲奇。一八二三年五月之土地貸與契約。至一八二四年一月一日以降。乃有批准廢止之發表。此急遽之廢止。不獨關係當事人有財產上之損失。且於漸漸發端之歐洲向之爪哇農業物產。尤與以致命的大打擊。總督卡勃爾連氏。更進而施行一種政策。對於丹德爾士氏萊佛士氏時代。賣與私人之土地或農園。再收回於政府之手。而爲國有地。其理由謂當初國有地之出賣爲謬誤。而其目的之結果。反加民間產業以大騷擾。丹德爾士氏及萊佛士氏時代之國有地出賣。固無何等土地政策。有重要之意味。單純爲國庫增收之一時救濟方法。總督卡勃爾連氏。忽以短時期內而收回於政府之手。遂至蘇加巫靡、及其他地方。現時土地所有者與國有以前舊時土地所有者之間。常發生糾紛。

當時之爪哇農產物。海外貿易最重要之咖啡。其栽培漸見隆盛。政府乃復恢復昔日之强制栽培制度。比舊制度之再現。正如揠苗助長之類。自營栽培之土人。因强制之故。須以其收穫品之多量。貢納於政府。漸漸失其栽培之興味。如斯爪哇內之產業政策。既不安定。其向上發展之機運。大有徘徊歧路之狀態。爪哇之國外貿易。亦離荷蘭人之手。而入於英人美人之掌握。人人對於通商上荷蘭勢力之挽回。在此英國統治後之卡勃爾連氏總督。有多大之懸望。此希望竟難實現。因總督之無能。乃至亘數世紀間以來。東印度之通商霸權。不復能維持。荷蘭人前以東印度公司獨占制度。對於東印度貿易。無染手之機會。迨東印度公司解散後。又値大拿翁戰爭起。荷蘭與東印度交通。全然斷絕。迄至卡勃爾連氏總督時代。荷蘭人對於自國殖民地之通商。正在熱烈經營。不料其結果竟出意外。因拿翁戰爭。歐洲之交通斷絕。爪哇遂有多量之積滯貨物。政府爲整理窮乏之財政。故此貨物有迫於賣出之必要。而其承買者乃不在荷蘭人而在英國人。乃至美國人。實際荷蘭人甫離法國合併。瘡痍未愈。無資力可以伸驥足於海外殖民地。英國人乘勢擴張其輸入貿易。獲得鞏固之地盤。荷蘭人實非其敵。英國人工業製品。如棉布等物美價廉。遙駕於荷蘭品之上。得以大數量輸入。政府乃設差別的關稅。以保護荷蘭人商業。英國人輸入商品。課以從價百分之三五。政府欲以稅率壓迫外國人之通商。然一八二四年。依一八一四年之倫敦協約所拘束。政府復低減輸入稅。於茲關稅政策。乃出以消極的態度。而積極的擴充自國之商力。以與外國公司競爭。認爲有設立大公司之必要。人人思以大資本壓倒外國公司。和

和蘭國王維廉第一

蘭王維廉一世採此輿論。於一八二四年三月發布勅令。設立荷蘭商業公司。Nederlandsche Handelmaats chappij 此商業公司設立之事發表。荷蘭人皆熱心援助。於短期間內。募集資本金三千七百萬盾。維廉王爲最熱心贊同者之一人。自出資認股四百萬盾。幷保證公司年息最低四分五厘。卽以自身之年息爲保證之預備。人人對此商業公司之能否成功。疑信參半。果然商業開辦後。不克舉豫期之成績。決算損失。此不成績之主要原因。一由於英國公司之堅實。不能容易侵奪其活動。二東印度之荷蘭人。疑此商業公司之設立。爲東印度公司復活。印度物產之輸往歐洲。又將爲政府所獨占。而不歡迎其設立。

卡勃爾連氏總督之政治。可訾議之點甚多。間有一二功績之可記者。彼留意於居留地之歐洲人兒童教育。以造小學教育之基礎。總督之行政。其輔佐里茵窪爾特氏 Reinward 大爲活動。氏在實行委員時代。多所貢獻。最研究農產植物。靡珍棧諸植物園。卽由氏而創始。

卡勃爾連氏總督之保守政策。漸次顯露。就中最受壓迫者莫如農產業。其收穫着着減少。結果政府財政益陷入窮地。支出超過收入甚遠。東印度殖民地之不振。國王之不滿。殖民大臣伊律氏之不平。延至招起國民之不信。卡勃爾連氏遂不能保守總督之地位而退任。繼其後任者爲嶷西尼士氏 Du Bu De Gisigiens。

第三十章　爪哇戰爭

一八二五年七月。日惹有一度之騷擾發生。戰禍延長至五年之久。是卽所謂爪哇戰爭。土王國內早有不穩之狀。反抗荷蘭主權之色彩漸次濃厚。就中以日惹爲最顯著。東印度公司以來。巴達維亞政府對土王國政策皆出以辛辣之愚弄手腕。土王國內每有一度糾葛問題發生。卽一度削減其領土。以至日惹及梭羅二王國。實去名存。丹德爾士氏及萊佛士氏襲用其權術。外觀已告成功。而實際乃以貽後患。一八二二年。土王安蒙古・巫呵娜四世歿。王子安蒙古・巫呵娜五世卽位。新王年僅二十一歲。有其叔父安蒙古・巫靡、及帝波・尼果羅 Dipo Negoro 二人爲之保護。然帝波尼果羅嘗覬覦自身繼登王位。而巴達維亞政府不爲所運動。擁立安蒙古巫呵娜五世。因之心懷不滿。爲此次騷擾之導火線。一八二三年五月。巴達維亞政府對小農作制度之土地貸與突然禁止。此土地貸與之禁止。依其契約之履行。有賠償損害之義務發生。王室最大之所謂公有地之所有者。自然有巨額之賠償。其他土人貴族等。依此土地貸與之禁止。失却收入之利權。王室及貴族等。此財產上損失之補充。轉嫁其擔負於土民。土人首長。奉王室及貴族之命。遂行其不當之誅求。加之、又有一種通關稅。爲土民所憎惡。通關稅者。卽甲地與乙地之間。就貨物之出入。於監視之名之下。土王課其貨物稅。

此通關稅之征收。多由中國人承辦。而中國人間有謀私肥者。往往行軌外不當之取締。甚至土人隨件之妻子。亦視同貨物。而加以課稅。土人等對中國人之憎惡。即對王室之怨嗟。土王國內空氣如何變化。當時駐劄日惹官吏事前竟毫無聞知。

危險形勢之醞釀中。風聲所播。人心極易搖動。一人指揮。遂成不可避免之事變。彼帝波尼果羅氏者。本來爲排斥白人之急先鋒。且熱烈於宗教的信念。受一般土人之尊敬。爲人望所歸。彼恃其輿望。而行其排外運動。一日宴會駐在地荷蘭官吏於席上。而加以侮辱。更添其氣燄。恰值築造道路之議起。彼之所有地。及人人崇拜之回教墓地。均在道路穿貫之線內。乃起而反對。旋歸失敗。彼見事機已破。遂決意奔出日惹王宮。而走於西拉窿地方。（Sila-rong）準備起事。此叛謀之傳聞。一般土人。且稱之爲救世主。以拯此爪哇凋落之悲運。而參加者益衆。帝波尼果羅氏遂率其叛徒大軍。奪取日惹王城。幼年之土王。僅以身逃。此戰亂之中。暴徒一致橫行。多數無辜之中國人土人歐洲人。被其殺戮。

帝波尼果羅

巴達維亞政府接此暴動之報。卽時派遣谷將軍 General de Kock 馳赴中央爪哇鎭壓。當時恰值巴達維亞政府對外領諸域。如巴南夢、莫尼等國討伐後。兵力究不充分。叛逆軍遂擴充其勢力於南夢牙里一帶。谷將軍以蘇拉卡爾礁萬一亦參入於帝波尼果羅。則叛軍勢力益厚。事態誠屬可慮。其時適西里伯遠征隊番垠氏將軍 General van Geen 率一隊歸還。政府軍聲勢大振。同時有馬渡拉之王侯。自進以其陸軍援助於政府軍。而叛徒方面亦正在得勢。採用爪哇人僧正山忒

谷將軍

里・加伊・摩約 Santri Kjahi Modjo 之言。假擁護爪哇宗教爲名。宣言行神聖之戰爭。以收攬人心。得多數之黨已者。軍威因而益振。帝波尼果羅策畫。不欲與官軍正面激戰。第巧據地利以爲衞線。而出其暗襲之計以破之。此策畫之主張。爲其陸軍司令官仙篤氏 Sentot

巴達維亞政府以兵力之單薄。彼叛徒亦非容易戡定。故主用外交之權術。期以達成其裏面之目的。召還萊佛士氏處以流刑之舊王安蒙古巫呵娜二世（卽蘇丹什普）復位。而令現在王位之幼年蘇丹退位。保證其將來於可受約束之下。仍繼蘇丹什普爲王。巴達維亞政府。對蘇丹什普復位所索之報效。卽協力以鎮壓暴徒。且擔認戰費之賠償。意欲仗土王之力。使叛軍早歸平定。其實政府此計畫。全然失敗。何者。蘇丹什普之復位。既非一般貴族等所承認。自然不能握得有力之支配權。谷將軍見蘇丹什普之無勢力。舍兵力難以戡戰事。乃變更作戰計畫。出以持久之策。在征服地內。建築堅固要塞。以少數之兵。當多數之敵。漸進而侵入暴徒之勢力地。是卽所謂土壘法 Bentingstels 者。此土壘法需用不尠之要塞建築費。致窮乏之國庫。增多重大之擔負。受多數人之反對。谷將軍斷然進行。此戰法遂奏效果。一八二七年中。暴徒等日惹及馬吉朗二地方被政府軍迫壓。勢力早非政府軍之敵。翌年荷蘭本國援兵到來。兵力已厚。叛軍本烏合之衆。聞荷蘭援軍已到之報。大有潰散之勢。帝波尼果羅

仙篤氏

見形勢已非。遂率其部下而脫走。一八二八年叛軍漸漸解體。安蒙古巫靡、仙篤氏二人。相繼歸順。加伊摩約被捕。帝波尼果羅至此已陷入於孤立無援之地。乃於一八二九年。向谷將軍請求議和。谷將軍容其所請在馬吉朗會見帝波尼果羅自稱爲蘇丹。且爲爪哇宗教之保護者。彼要求爲爪哇真實之土王。兼宗教上之首領。如斯過大之要求。足證其無歸順之誠意。遂爲谷將軍所逮捕。當時會見席上。帝波尼果羅要求爲政教兩界之王。既如上述。谷將軍答之曰。『汝想爲正統之王。且爲回教保護者。何故暴動。致舉國陷於不安。汝之信用早已墜地。汝再惹起騷擾者。卽囚汝護送於巴達維亞政府。』帝波尼果羅聞將軍意外之言大駭。離坐直立。拍案大叫囚彼之不當。彼恃其帶來之部下。若果將軍囚彼時。彼等必起而護其主。詎知其部下竟無一人爲之救助。其已失人望。可以想見。帝波尼果羅至此乃顏色蒼白。唇顫續言囚彼之不當。政府軍旋卽擁入。彼自知難再脫出。大叫上帝幾聲而被捕。處以文那羅 Menado 之流刑。後移於望嘉錫。至一八五五年而死。如斯爪哇戰爭終息。所謂排斥白人之運動。從茲不再發生。土王國內乃有真實之和平。

爪哇戰爭之中心中央爪哇。戰亂亘五年。其荒廢實甚。勿論叛軍方面。土人喪失多數生命。而巴達維亞政府之損害。約有二千萬盾之戰費。且有一萬五千人供戰爭之犧牲者。巴達維亞

蘭領東印度史

帝波尼果羅被捕之時情形

政府鑑於爪哇戰爭。認爲土王國尚有削奪勢力之必要。蘇拉卡爾礁、與日惹同樣縮小其領土。滿由馬士 Banjoemas 及馬里溫。Madioen 馬吉朗、及葛恥里等地方均割讓而置於政府直轄統治之下。政府對此領土之割讓。以爲蘇丹什普所約。當作戰費之賠償。然馬吉朗及滿由馬士兩地方由日惹蘇丹割取。固屬正當而馬里溫及葛恥里。則取自梭羅蘇蘭。似無理由。梭羅蘇蘭在爪哇戰爭之間。對巴達維亞政府表示忠勤。嘗以自己之軍隊應援。且以保持中央爪哇之秩序。不少功勞。乃一例縮小其領土。實令彼等不滿。蘇蘭自抱此不平後。卽出奔王城隱退。而巴古・巫呵娜七世卽位。奉巴達維亞政府之命。行新政治。感此次爪哇戰爭之犧牲重大。無論各方面積弊皆一掃而除。以求爪哇之幸福。卽前時屢生紛議之土王國境界問題。亦明確規定。以斬禍根。又厲行廢止通關制度。取消土地貸與之禁令。以及各種課稅制度之改良。

總督卡勃爾連氏。於爪哇戰爭之後半年。大失人望而去職。其後任總督嶷西尼士氏未到任以前。巴達維亞政府。臨時以暴徒討伐隊之司令長官副總督谷將軍攝行政務。卡勃爾連氏總督失敗之大原因。在財政之紊亂。財政整理委員巫士氏 Du Bus 爲節約冗費計。行政組織極單簡。減少各州知事員額。爪哇戰爭中戰費之支出。依谷將軍之戰法。其支出更增加。巫士氏關於此點。屢欲與谷將軍衝突。巫士氏財政改善之一。設新貨幣制度。確定銅貨之價格。頗奏效果。一八二八年企圖財政金融之統一。設立爪哇銀行。Javasche Bank 然此病入膏肓之財政狀態。以一二爲政者之努力改善。冀於一朝一夕而回復。乃事之最難者。巫士氏棄卡勃爾連氏之保守政策。而依伊律氏之自由主義。着着進行。如一八二七年撤棄土地貸與之禁止。廢除土王國內之通關制度。又破棄爪哇內居留歐洲人之各種制限的規定。爪哇漸放光明。農產業復見繁榮。貨物之輸出亦盛。

最後彼對殖民地開發之根本政策主張利用歐洲人資本勢力。以發揮爪哇農業及工業。然彼之主張。竟失實行之機會。因其繼任者番登穆氏 Van Bosch 之立案。農業政策。爲荷蘭王所採。而巫士氏之立案。乃被摒棄不用。此時代之爪哇。乃爲新舊政策激戰興仆之關健。

蘭領東印度史

一百六十四

第四編　最近時代

第三十一章　强制栽培制度之實行

殖民地統治政策。隨歐洲政潮之變化。而漸進於自由主義。其代表人物。殖民大臣伊律氏。整理委員巫士氏。總督嶷西尼士氏。皆主張舊制度之廢棄。間有高級官吏提議擴張渤泿安州例外之咖啡强制栽培制度。於其他地方者。爲總督嶷西尼士氏所不納。當時荷蘭本國。因曩時大拿翁戰爭。地荒民疲。漸得脫離法國之覊絆。又値鄰國比利時搆兵。國庫之空乏益甚。當局者努力回復國力。其可得救急之財源。祇有求援於殖民地之唯一希望。然爪哇自身罹於兵亂。巴達維亞政府財政窮乏。安有餘力以顧及荷蘭本國。從玆有名之番登穆士氏强制栽培制度 Cultuur Stelsel 誕生。此制度名義上僅爲栽培。而實際上含有强制意味。番登穆士氏。初與整理委員巫士氏、殖民大臣伊律氏、採用同一主義之人。彼曾被任爲西印度委員。歸國後旋拜東印度總督之命。硏究其統治政策之方針。徵求荷蘭執政者之意見。結果以殖民政策。仍須施行昔時之强制栽培制度。庶能以最大之財源。提供於荷蘭本國。到任後。爪哇强制栽培制度遂實現。與殖民大臣伊律氏之政見。根本相違反。伊律氏遂於其時辭職退任。

總督番登穆士氏之立案。其政見如下述。爪哇地域。視土地之肥瘠而各異。新施行之强制栽培制度。爪哇全土。以劃一之定率行之。其標準。以平均收穫五分之一。納於政府。而此收穫五分之一。與土人農業者一年間五分之一之勞動時間相當。若土人以收穫五分之一。納於政府後。得免除其一年五分之一約六十六日之勞役。其課稅之方法。以村落爲單位。政府對於村落年額收穫五分之一。令土人各自納貢。若村落內無何等耕作地者。則令土人每年六十六日服役於政府經營之農園。此收穫五分之一之徵集。與六十六日間之夫役賦課。聽土人之選擇。政府不加干涉。政府此舉之主旨。在以充分國庫財政之增收。卽以土人栽培之作物。供給歐洲市場。以舉得充分之利益。其後番登穆士氏總督。復有多少之變更。土人以收穫五分之一納貢外。并得以其村落五分之一之土地。供給政府之栽培以代之。

總督番登穆士氏

歷來疊受壓制之爪哇人。對此强制栽培之施行。蒙莫大之打擊。蓋爪哇土人每年中大部份時間。皆費於其主要食物料米之栽培。今之新制度。則多服役於無經驗之咖啡、砂糖、藍等等之栽培。土人等以五分之一之時間服役於政府。認爲無益之犧牲。結果大部份願以土地五分之一。供給政府。加之、土人自身收入之農產物。賣渡於政府時。尚有價銀可獲。益不願犧牲此時間五分之一之勞役。

土人等受强制之栽培。最多者爲咖啡。咖啡種植後。最初三年。全然不能結實。第四年乃有幾分之收穫。故土人最初三年之勞役。全無報酧。迨收穫後。其賣渡與政府者。給回之價銀又少。咖啡賣與商人。每擔可得二十五盾之市價。而賣與政府時。每擔常在十盾以下。政府以其咖啡全部。交與荷蘭商業公司。輸往荷蘭。一時稱爲 Factorij。意即謂外國之總貨倉。在荷蘭賣出之價一擔三十盾。其差額有二十盾之得利。次於咖啡而爲重要之强制栽培者。爲砂糖。此砂糖甘蔗之栽培。土人時間上受非常之重負。從來土人等從事於米作。以五個月乃至六個月之勞動。卽可收穫。每年間有二作之可能。砂糖甘蔗須十個月乃至十一個月。每年限於一作。故甘蔗可得之收穫。比較米作收穫額更爲減少。

以上所述强制栽培制度。全然爲誅求的政策。土人負擔之重可想而知。政府之勵行此制度。

原冀以增加國庫之收入。然其運用失當。多可指摘之事。當時政府別設奬勵之策。對於歐洲人官吏及土人官吏。另與以一種栽培成分 Cultuur Procenten 以爲酬報。卽給與官吏等以指定地收穫之半分。庶幾各官吏對其地方之收穫。有直接之利害關係。方能從事於增加收穫之競爭。於茲遂有不正當行爲發生。官吏等對於土地五分之一之規定。時時超過五分之一以上。乃至三分之一以上。加之、官吏等爲增加收穫計。常擇川豐饒土地。以强制栽培。而土人自分之使用。則多數爲瘠地。

土地與時間五分之一之勞動。旣由政府用於指定之栽培。事實上土人等對於政府之栽培。準備不完全。徒然抛棄其自己之作業。倘其指定栽培地與土人村落住宅距離遙遠時。對於作業以外之往返時間。全然屬於無意味之浪費。英國統治時代。總督萊佛士氏創設土地收稅制度。曾有廢止栽培制度之聲明。今總督番・登・穆士氏。對强制栽培制度之施行。則宣言用以當作土地收稅之舊制度。依强制栽培所貢納之貨物。其代價超過土地收稅舊制度之稅額時。得返還其金額云云。實際上此項規定徒屬具文。又土人等以一年六十六日之勞役。提供於政府直轄之栽培園。而政府常常調用於遠距離不便之處。從事於公共名下的道路橋梁之築造修繕等等之徭役。

此栽培制度之施行。一方有多數之反對論者。同時他方亦有幾多之贊成論者。其贊成之根據。謂爪哇人以豐饒土地。從事於原始的農業法。僅限於自己糧食料之生產。今依此新栽培制度。學得有效的肥料合理的耕作法。以促成農業上之進步。爲增加生產前途之福音。甚且有稱爲爪哇勞働之教育者。而當時持反對論者。則謂如斯土人學得之農業。其所舉之利益。何以印度無自身之使用。全數流入荷蘭本國。一八四〇年憲法中。有一條「財庫之餘剩、對母國之使用、依法律所規定」如斯明文之規定。何故荷蘭商業公司創立之時。有四分五厘之保息。此保息爲荷蘭王自身之擔負。今巴達維亞政府。乃以國庫之餘剩。解繳於國王。荷蘭無意味的奪去印度之富。是爲反對論者之口實。然荷蘭商業公司之保息。爪哇人是否發生間接之債務。另屬一問題。惟爪哇人糧食品及其他必需品之生產時間。實爲此栽培制度奪去一部份。與爪哇經濟之發達。成反比例。

政府强制栽培制度目的已達。印度自身年年得有巨額之餘剩金。此餘剩金卽以救濟荷蘭本國財政之窮乏。計東印度流入荷蘭之金額。一八三三年三百萬盾以上。一八三四年一千萬盾。一八三六年千八百萬盾。依一般學者所計算。荷蘭基於東印度强制栽培所得之收入。總計達八億三千二百萬盾。如斯荷蘭財政上之危機。得此殖民地財政上之援助。當時人人

所稱爲榮譽之債務。Cereschul

依强制栽培制度荷蘭政府占多大之利益。荷蘭商業公司。亦日臻隆盛。荷蘭商業公司。既含有挽回蘭印間貿易不振之大使命。在一般國民贊同之下而創立其業務關係甚鉅。一八三一年忽生困難。且有自行解散之提議。未幾而强制栽培之結果。已漸漸實現。公司得有貨物一手販賣權。面目煥然一新。荷蘭商業公司。依栽培制度所得之諸種農產物獨占的貿易輸入荷蘭賣出。其所得之利益。一部份提供於巴達維亞政府。成爲一種委托制度。Consignatie Stelsel 公司業務漸次繁榮。至一八三五年。曩時荷蘭國王四分五厘之保息。全部發給。

政府舉得如斯之良好成績。其主要在於咖啡栽培之成功。蘇門搭臘西海岸一部份地方。咖啡卽於其時移入。反之、砂糖甘蔗之栽培。利益反少。有時且陷於損失。藍之栽培。數年後漸次衰微。煙草茶之栽培。結果亦多不良。此等栽培皆比咖啡經驗時日尚淺。其他栽培法。亦多不完全之點。

番登穆士氏總督以一八三〇年就任。迄一八三三年退職歸國。旋於一八三四年至一八三九年。任荷蘭本國殖民大臣之職。當時荷蘭殖民地統治之最高權。握於荷蘭國王之手。而殖民大臣爲其高等機關。對於殖民地總督事實上殆有命令權。所以番登穆士氏强制栽培制度。始終約歷十八年。歷任總督。如岢宇氏 L. C. Baud 茵連士氏 De Cerens 番·和軒多納氏 Wan Hogendorp 靡爾古士氏 Mr. Merkus 里研士特氏 Regnst 羅玖申氏 Rochussen. 之時代。皆忠實奉行其政策者。强制栽培制度。繼續勵行。以造成一時莫大之餘剩利益。一八四五年頃。爲强制栽培最佳果時代。一八四八年迄一八五〇年間。爪哇中部大饑饉發生。時爲羅玖申氏總督時代。受災地方。强制栽培。漸漸衰微。昔之爲强制栽培制度辯護者。至此亦駭目於悲慘之饑饉。而於該制度之價值有所懷疑。是卽强制栽培制度廢止之動機。當時爪哇土人受此制度之束縛。怨聲載道。而尙不聞何等大變亂之發生。考其原因有二。其一土人首長等對此强制栽培之施行。有栽培成分之收入。當然不容土人等之反對。其二元來爪哇人極忠順。且鑒於歷來爪哇戰爭之災禍。生民塗灰。故極力維持其和平。中間僅有曼丹國因蘇丹政權之廢止問題。有一小部份之騷擾。然不旋踵而卽鎮定。

第三十二章　十九世紀中葉之外領情勢

荷蘭巴達維亞政府。自接收殖民地後。惟努力於爪哇之統治。而東印度羣島。總稱爲外領 Buiten Bezitingen 各地域。除蘇門搭臘、網加、及曼礁等處。因有輸出歐洲產物之出產。尙有多少之注意外。其餘地域。全然放任。未立於充分荷蘭主權統一之下。一八三二年。巴達維亞政府曾有外領土王國問題。絕對不干涉之宣言。既然政府採放任主義。彼土王侯等免受政府監視。益爲其橫暴酷遇之好機會。一般土人愈受壓制之痛苦。

巴達維亞政府對於外領既採放置主義。結果婆羅洲遂爲英國人所侵入。一八四〇年。英國人詹靡士·勿羅吉氏 James Brooke 獲得婆羅洲沙拉挖 Serawak 地盤。以扶植英國人勢力。先收買勿魯尼 Broenei 蘇丹之地。一八四五年。乃伸手而奪取拉巫安 Laboean 島。成爲英國人在東方亞細亞航程中之石炭貯藏所。巴達維亞政府。對此英國人在婆羅洲之活動。漸漸覺悟外領有統一之必要。總督羅玖申氏。唱議外領荷蘭主權之確立。當時輿論多數以外領統治所得利益稀少。有損及餘剩政策。而不表示贊成。

蘇門搭臘自一八一六年以來。荷蘭勢力亦少發展。僅有巴南夢地方。確在荷蘭統治之下。而其接壤地西海岸之巴東。尙未認爲荷蘭領土。北方則有亞齊王國。威震四隣。堂堂成一强大之國。英國又領有蒙古莽地方。一八一八年以來。萊佛士氏駐紮其地。爲監督官。如斯形勢之中。尙屬於比較的交通利便之海岸地方。而蘇門搭臘中部地方。當時全爲人跡未到之別世界。其情勢更爲混沌。十九世紀初葉以來。中部山地。有有力之巴梯里 Padri 團體之活動。先是一八〇〇年間。有回教徒三人。憤回教之衰落。由靡加聖地歸來。遂組設此巴梯里之團體。

其目的在以保護回教。其後乃大唱教權政權之合一。彼等遂與文蘭卡穆士 Menangkab-ausche 國之王室發生衝突。繼續戰爭。巴梯里團體得勢。掌握其政權。濫用壓制暴力擾攘垂十五年。此時荷蘭已注目於蘇門搭臘島以伸其勢力。適土人酋長貴族等憤巴梯里團之暴戾。恃人民之後援。且求英國人之保護。以圖覆滅此黨徒。英國人拒絕其求援。土人等遂求助於荷蘭人。並以一部地域之割讓爲酧報。巴達維亞政府對此土人內政之干涉。初頗費躊躇。然荷蘭若聽任巴梯里黨徒之跋扈。又恐彼等愈逞其橫暴。伸其勢力於西海岸地方。是又爲巴達維亞政府之直接利害問題。結果不能不與土人以援助。一八二一年政府軍經幾次之激鬭。巴東山地一帶已征定。一八二五年爪哇戰爭突發。政府軍兵力分顧。蘇門搭臘統一之事業頓挫。巴梯里黨徒。乘勢於一八三一年奪回巴東。一方如斯巴梯里黨徒之跳梁。他方海岸諸域。當時有亞齊人海賊等。到處橫行。掠奪良民。荷蘭兵營。常被侵襲。番登穆氏總督。乃益知到底放任之非計。決定以兵力鎮定。派遣伊祿氏 Clout 中佐、及靡企爾士氏、Michiels 少佐。爲討伐隊指揮官。率兵進發。到處勝利。一八三二年遂奪取巴梯里策源地之門藻爾 Bendjor 地方。依此門藻爾地方奪取後。巴梯里黨徒之勢力覆沒。騷擾當能終熄。而事實上彼等之有力者。尙復祕密活動。一八三三年。復於巴東內地起而暴動。門藻爾屯營之荷蘭兵。且爲所襲殺。一八三五年。巴達維亞政府決定增兵戡定。一八三七年果秋士 Cochius 將軍率隊攻入門藻爾。捕獲巴梯里之指揮官端古・伊挽氏。Toeankoe imam 而處以安汶之流刑。同時靡塞爾士少佐。率別隊奪取米羅士 Baros 新吉爾 Singkel 二個堡壘。於亞齊海賊之手。蘇門搭臘西海岸賊徒之根據地已失。勢力漸次銷滅。蘇門搭臘兩部紛紛騷亂。乃告終熄。巴東內地一帶地方。至此乃完全置於荷蘭統治權之下。

巴達維亞政府對於巴南夢王國之征定。比諸蘇門搭臘西海岸更爲困難。巴南夢視荷蘭勢力自一八一六年以後。着着失墜。殆不承認其統治權。而此地方有蘇丹・那詹 Sultan Nadjam 蘇丹・呇塔爾 Sultan Badar 二土王之並立。同握有政權。自然兩者之間易起政權之爭。蘇丹・那詹以一凡庸之主。欲維持其政權。乞助於英監督官萊佛士氏。而受英國人之保護。萊佛士氏嫉視荷蘭勢力之發展。欲樹立英國主權於蘇門搭臘全島。以貫澈其主張。然英國政府尊重倫敦協約。不贊成萊佛士氏之政策。萊佛士氏對於蘇門搭臘全島。乃拋棄其夙望。一八一八年荷蘭派遣統治委員於巴南夢。遂得奪蘇丹那詹之王位。而處以流刑。巴南夢於此乃確立於荷蘭統治權之下。當時巴達維亞政府以王位與蘇丹呇塔爾。亦種下多少之禍。因爲舊蘇丹那詹之部下。不滿意於蘇丹呇塔爾之即位。恃英國人之助力。突然於一八一九年襲擊巴南夢之堡壘。以驅逐荷蘭人官吏。同時網加島亦有一少暴動。政府派遣討伐隊。初時無甚勝利。一八二一年乃派谷 General De Kock 將軍。續帶一隊討伐之。漸漸回復其秩序。勒令人心離反之蘇丹沓塔爾退位。由政府設置監督官。復立蘇丹那詹之子爲王。一方准許蘇丹那詹回國。然此新蘇丹庸暗愚弱。缺乏主宰國政之能力。徒爲土人酋長等所利用。橫暴專斷。土人民處於壓政之下。遂於一八二四年勃起暴動。政府爲根本的廓清之必要。乃停止蘇丹之統治權。追放蘇丹於網加島。巴南夢統一之局乃定。

萊佛士氏在蘇門搭臘扶植英國人之勢力。屢爲荷蘭政府之暗礁。既如上述。萊佛士氏復與北方雄國之亞齊蘇丹交驩。締結條約。以爲有事之備。又於巽他海峽之重要地。爲奪取之準備。尚於扼馬拉甲關門之新嘉坡 Singopore 以巧妙之手段。由柔佛國之僭王而獲得。今日新嘉坡之隆盛。爲英國遠東交通之重要總匯。出諸萊佛士氏之慧眼。英國政府對於萊佛士取得新嘉坡之事業。與以多大之援助。巴達維亞政府以柔佛國本荷蘭屬國爲理由。對英國無故取得柔佛國國土一部之新嘉坡。提出抗議。關於東方殖民地蘭英兩國之衝突。於茲繼起。其主要原因。由於一八一四年處分兩國殖民地之倫敦協約。無正確明瞭之條項。以致常常發生爭議。一八二〇年。蘭英兩國政府爲掃除一切爭議。行具體的協商。一八二四年三月倫敦二次協約成立。約中主要之點。第一、荷蘭國王。於亞細亞大陸殖民地中。放棄馬拉甲及其附屬地域。幷承認新嘉坡爲英國領土。第二、其代價以蒙古彝地方幷尼亞士 Nias 島。歸荷蘭所領。英國幷願放棄其對於勿里洞 Billiton 島之要求。第三、承認亞齊國之獨立。荷蘭當監督之任。以維持亞齊通商。及沿海航路之安全秩序。第四、爲避免蘭英兩國殖民地之競爭。應取相互的最惠之待遇。幷協力以撲滅印度洋之海賊等等。從茲兩國間之殖民地。明定其範圍。以後不復有如從前紛議之事。

婆羅洲英國人勢力之扶植。其地盤日臻鞏固。荷蘭政府前時所採外領放置主義。至此於婆羅洲試行其干涉。一八二一年間。森莫士 Sambos 國及笨底安那 Pontianak 國（華人稱爲坤甸）之土王等。與中國人之探險金礦者。發生紛議。中國人等否認荷蘭有婆羅洲之主權。巴達維亞政府派兵討伐。一八二四年以後。婆羅洲遂爲荷蘭政府所注意。

西里伯島自一八一六年以後。巴達維亞政府之威勢不振。僅有摩鹿哥及其周圍靡拉哈沙 Minahassa 之北部。在其掌握。南西里伯之小王國等。且常常侵略政府之領土。一八二四年。卡勃爾連總督。自赴西里伯島。巧說彼等歸順。總督與幾多之土王交驩。從新改締汶卡耶條約。莫尼國反抗加入汶卡耶條約。政府乃派番·垠將軍 General van Geen 率兵伐之。莫尼國大受創懲。以至屈服。荷蘭政府西里伯統一平定之事業完成。

摩鹿哥羣島土人等。不喜荷蘭之統治權。彼等痛荷蘭統治之苦。由於向來之經驗。其實東印度公司時代。摩鹿哥羣島爲香料之寶庫。自然不能不以强壓的態度。以吸收利益。土人等思脫出荷蘭之羈絆。起而運動獨立。反荷蘭之氣勢。一時昂進。一八一七年沙巴魯亞 Sabaroea 暴動勃發。果然蔓延及於鄰島。此爲土人之誤會。摩鹿哥羣島自東印度公司解散後。關於香料通商之專賣制度。已實行廢棄。加之近代之殖民政策。傾向於經濟的發展。十六世紀之香料通商熱。已見薄弱。巴達維亞政府對摩鹿哥羣島。不復如昔日之嚴厲。

爪哇之東峇厘島。永久遠離政府之注目。羅玖申氏總督。乃立定平定峇厘之計畫。峇厘島有幾多之小國。各自統治。社會秩序極野蠻。奴隸買賣。尚在盛行。

峇厘土王及其祕書

且有難船掠奪之蠻習。凡海岸有船舶遭難時。土人等即掠奪人貨。自由處分。爲航海者所恐怖之島。峇厘島向來未確認荷蘭之主權。巴達維亞政府若新行征略。又妨他國之干涉。政府數回派遣遠征隊。一八四九年番・綏登將軍 Van Swieten 激烈戰爭。乃得征略全島。土王等陸續歸順。

第三十三章　强制栽培制度之廢止

强制栽培制度施行後數年。一八三二年已普及於爪哇全島。依總督番・登穆氏之原案所豫計。每年有藍二百萬磅。砂糖四十萬擔。咖啡四十萬擔。茶二百萬磅。煙草十萬磅生產之可能。而實際成績竟出諸豫期以上。一八四五年。爲强制栽培之黃金時代。如咖啡之栽培。最初一家二百五十株者。至此已達千株。計一八三五年總數二億四千二百萬株。一八四〇年增加至三億三千萬株。當時人人對此餘剩主義之殖民政策。無不同聲贊美。認爲殖民地開拓之最善手段。然此栽培制度。單純爲搾取目前利益。而不顧及土人自身之福利。究非經濟發展之正軌。土人受此極端之搾取。如何而能免疲弊之苦。吾人今日再對此栽培制度之破綻而說明之。

栽培制度之施行。最初即有多少之弊害。土人不願犧牲其時間五分之一。而代以耕作地五分之一。提供於政府。流弊所至。乃漸次超過三分之一。或二分之一。或殆擴張及於全部。加之政府所聲明廢止之土地稅依舊存在。且有增收之傾向。一八三〇年六百萬盾。至一八四五年而達千一百萬盾。雖遇凶年歉收。農民等仍同樣負有納稅之義務。彼咖啡藍砂糖煙草茶棉花胡椒等所造出之富。每年有數百萬盾乃至千萬盾。流入荷蘭國庫。土人等自身單簡之生活。失其餘裕。主要糧食品米之耕作地。大部份爲砂糖藍等所侵占。而時間與勞動之大部份。又費於强制栽培。土人等自身全失其耕作之自由。加之當時尙施行一種之市場稅。Pasarbelasting 彼等幼稚之經營唯一之交易機關。亦受其拘束。

井里汶突然有可怖之大饑饉起。丹馬、莪羅磨干 Grobogan 地方。亦相繼而罹於旱災。土人等生命多數受其犧牲。一八四八年總計有三十三萬六千人之死亡。丹馬地方一八五〇年人口十二萬二千人。同時莪羅磨干九萬八千五百人。各有九千人之激減。此饑饉之原因。決非單純因天候之不順。而在其耕作之減少。爪哇有此豐饒土地。而何以耕作減少。罹此奇災。不難推測而知。荷蘭國民見此可怖之慘事。驚心怵目。竊尋其肇禍之原因。乃於栽培制度。致生疑問。漸漸有廢止此制度之覺悟。

一八四八年二月二十二日。法國巴黎發生所謂二月革命。波動歐洲全土。政界受其震撼。此二月革命。爲民權擴張之運動。法國共和制樹立。各國鑒此情勢。咸有改革政治之傾向。荷蘭王威廉二世首先發起改正自由主義之憲法。以冀荷蘭免陷入旋渦中。此憲法之改正。荷蘭自由黨得佔勝利。荷蘭對殖民地政策之根本方針。亦呈一大變化。和軒多納氏 Dirk van Hogendorp 及伊律氏等之自由主義的殖民政策復活。殖民地尊重母國利益之存在。惟以自身開發爲前提。荷蘭母國。以人道的義務。注意殖民地人民之福祉。漸漸爲輿論所公認。依憲法之規定。荷蘭國民議會權限。着着擴張。從來荷蘭國王對於殖民地立法行政。有專擅之權。憲法條文改訂。國王關於殖民地之統治權及財政權。非經荷蘭國會之協贊。不得行使其專權。其詳細條文云。荷蘭殖民地之統治。關於法令之作成。貨幣制度。幷其運用監督各種規則之制定。及殖民地財政。荷蘭國會有議決權監督權。其他殖民地統治上必要。依法律定之云云。依此新憲法。荷蘭國王每年須以殖民地統治行政之大體情形。由殖民地公報 Het Koloniaal Verslag 報告於國民。而國會議員等。卽基此殖民地公報。以研究或調查殖民地問題。爲議程上之準備。一八五四年憲法上所謂法令依法律制定之語。已實現。蘭領東印度幣制。經荷蘭國會通過。此幣制除二三之枝葉點外。殆與荷蘭本國幣制相同。因之向來極不整一之東印度幣制。從茲統一。同時又有重要之法律成立。卽蘭領東印度統治根本法。一名蘭領印度憲法對於土人民之權利義務。明定其範圍。初時此新憲法提出荷蘭國會時。下院議員番・夫威爾 Van Hoevell 一派。擁護最力。對於印度及印度人民之利益大加修正。番夫威爾氏爲久年宣教師。平素努力於印度人之教化事業。在下院議員中占有多大之勢力。爲政界所尊重。彼對憲法上之政見主張廢棄歷來殖民權利用主義。而注重印度自身之啓發。土人自治之進步。此荷蘭國會殖民地統治根本法之議決。爲歷史上重要之點。

殖民地統治政策。荷蘭下院既有議決權。當時主張自由主義一派人人起而向番・登・穆氏之强制栽培制度。施以攻擊。時恰井里汶丹馬莪羅磨干各地大饑饉。起其原因由於强制栽培制度。漸次明瞭。番・夫威爾氏遂提出反對栽培制度之議案。以與政府力爭。國會全體議員。持反對論者固多。而持贊成論者亦不少。結果爲番夫威爾氏所壓倒。一八四五年羅玖中氏總督就任之始。先試行殖民地統治改革之第一步。對於强制栽培制度之施行。設立各種限制。以輕減土人之擔負。凡有妨礙土人糧食品米之耕作者。悉縮少其强制栽培。厥後特威士特氏總督。Duymaer Van twist 由一八五一年至一八五六年。巴甫德氏總督 Pahud 由一八五六年至一八六一年之期間。其設施政策之可記者。卽首先市場稅之廢止。其次一八五四年土人刑罰令之改正。凡輕微罪犯。不得再用笞刑。故土人民等受土人官吏淩辱之事着着減少。更重要者。一八五九年奴隸制度禁止。一八六〇年以後奴隸一律解放。同時其奴隸役使人依奴隸解放所生財産上之損失。無享受賠償之權利。又從來民間委託販賣之亞片。以限制一般吸食之目的。收於政府之手。自設亞片專賣所。Opium Regie

荷蘭國會議壇上。既注意於印度問題。一八六〇年。摩爾礁吐里氏 Multatuli 所著之馬士哈威拉爾 Mas Havelaar 一書。更與一般國民以莫大之刺戟。殖民地問題。依此一書而爲民衆研究之中心。自由主義之驍將。勃德氏 Fransen Van de Putte 殖民大臣之後。勿禮氏 Sloet van de Beele 復繼起而任東印度總督。由一八六一年迄一八六六年。皆抱自由主義之政策。一八六三年。首先廢止安汶丁香之強制栽培。同年復禁止曼礁之肉荳蔻貢納。隨後復於茶胡椒煙草肉桂藍等之強制栽培。漸次停止。其有新契約未了者。俟其栽培物收穫後。卽行終止。此漸進的方法。凡契約未至完全終了時。於土人糧食品及其他必需品之耕作、無妨害之範圍內。得繼續存在。一方對於強制勞働。亦加以限制。當時政府對砂糖甘蔗之栽培制度。其屬在私人製糖廠之經營者。能否全廢。頗費考慮。一八七〇年依統治章程第五十六條而解決。限定以一八九〇年度栽種後而全廢之。政府爲保護土人米作起見。幷規定甘蔗之栽培。不得占其村落田野五分之一以上之面積。一八九〇年後栽培制度之遺物。僅有咖啡一項。一九一五年五月八日。仍依統治章程第五十六條之精神。以法律禁止之。於茲番登穆氏所創設之有名强制栽培制度。全然絕跡。爪哇人次第脫出栽培制度之束縛而得自由於生活必需之米作。并與以私人企業之機會。政府積極的改良土人自由勞動之設施。獎勵一般産業之勃興。爪哇人自此乃得確實享受天惠之豐土。

一八四八年荷蘭憲法之改正。東印度行政司法總機關。亦相隨而改善。一八五四年制定之東印度統治根本法。一稱統治規則。Regeerings Reglement 總督及印度參議會。爲最高機關。以荷蘭國王之名。而行使其統治權。印度參議會而外。總督輔佐機關。另設秘書總局。Algemeene Secretarie 總督有廣汎之權。但須秉承荷蘭國王及殖民大臣之訓令。以資限制。總督而下。各部設置部長。主宰其事。以上爲中央政府之組織。其地方多數行政區域之分劃。有三地方設監督官。Gouverneur 勿里洞島設副知事。Assistent Resident 其他各區設置知事。Resident 此等地方行政長官之下。尚有多數之土人官吏。稱爲 Regent 者。專任土人直接行政事務。

關於司法之規定。先有歐洲人並同等之歐洲人者、與其他之外國客民並土人、二種之分別。各有其適用之法規。前者所用之法規。略與荷蘭本國相似。後者所用法規。限於土人社會生活及其習慣之適合。全印度最高司法機關。居於上訴之地位者。在巴達維亞設有高等法院。Hoog Gereehtshof 其他各主要區域。歐洲人并同等於歐洲人者之司法。設立司法院。Raad Van justitie 輕微司法問題。設有地方裁判所。Residentie Gere chten 現在增設簡易裁判所。Landrechter 土人重要司法問題。除一例由司法院受理外。其輕微問題。得由地方長官并 Regent 處理之。

第三十四章 一般政制之改善

强制栽培制度。爲國民所反對而廢止。既如上章所述。當時歐洲大陸。自由平等立憲之政治思潮。奔騰澎湃。誅求的殖民政策。已爲時代所不相容。如斯情形之中。荷蘭乃不得不採用文化的殖民政策。而一變其亘二百年東印度公司之營利主義。自茲爪哇統治。初次導入正軌。凡保護土人重要之法令制度。幾多之設施。由此而起。

一八六四年四月二十三日。法律公布會計法。Comptabiliteits Wet 東印度財政豫算之方法。乃立其基礎。先是一八四八年改正憲法第六十條。有『殖民地財政之監督方法、及其責任、以法律定之』之規定。一八五五年。殖民大臣畝特氏Baut以會計法案提出國會。被其否決。一八五八年。殖民大臣羅玖申氏 Rochussen 再以此法案提出。漸漸成熟。一八六三年。殖民大臣勃德氏 Franssen Van de Putte 更提出此案。遂經國會之通過。此法律乃於一八六四年四月公布實施。上述會計法。印度政府及荷蘭本國政府制成之豫算案。荷蘭國會對之有議決及否決權。此會計法施行後國會議員對於豫算案有審查之重要。益注意於印度問題之研究。

强制栽培未經完全廢止者。僅有咖啡砂糖二種。既然咖啡栽培制度尚存在而欲避免壓制的方法。以排除其弊害。乃於收穫品之買入。給以充分之價格。又恐土人食糧品之栽培。受其妨害。乃別闢荒地及未開墾之土地。以充咖啡之栽培。其次則砂糖甘蔗之栽培。旣與土人以打擊。一八七〇年乃頒行砂糖法。 Suikerwet 決定其栽培之廢止。現行中之契約。以一八九〇年爲最終繼續之期限。又從來用於甘蔗栽培地面十三分之一。以漸進的方法。逐年解放。庶於砂糖業方面。不受影響。至一九一五年咖啡栽培制度。亦全部廢止。

一八七〇年公布土地法。 Akkerwet 或稱爲 Agravische Wet 從來土地之歸屬。甚缺明瞭之規定。土人之弱者。常處於不利之地位。茲依保護土人農業之目的。而制定關於土地之根本法規。爲殖民地中最重要之問題。其主眼在以土地供給私人產業之需要。且土地上明定其權利義務。一八六二年。殖民大臣友連勿氏 Uhlenbeck 之提案。爪哇人所有之土地上。歐洲人得租用之土人等即於其處得有自由勞動之傭僱。次殖民大臣畝特氏栽培法案。cul-tuut 其根本處。土人享有土地所有權。且得永久承繼之。此等所有地。得貸與於他人。又國有未墾之土地。有長期租借條例之設定。一八六六年。荷蘭國會。對於上述畝特氏之法案。大加修正。最主要處。土人得享土地所有權。僅限於私人之連續使用。此案乃至否決。其後一二殖民大臣。仍努力於土地法之制定。一八六九年。殖民大臣底・哇爾氏。De Waal 以土地法提出下院。經多大疎解之下。乃略加修正而通過於上下兩院。是即今之 Agravische Wet 也。此法之主要。從來土人耕作地。得歸屬其所有。惟禁止其讓渡他人。且其土地上經政府認許之權利。不得移轉於土人以外之人。而耕作地以外之荒地。皆歸國有。得爲七十五年限度之貸與。土人所有地。如總督認爲必要時。得以命令收用之。綜言之。此法案精神。即所以規定土人之土地權利。使無受迫壓之憂。且於自己土地上自由勞動。以營其真實之生活。同時爪哇因而從事於農業根本之研究。化學的、物理的。幾多農事改良之方法發見。全爪哇農產業。面目一新。私人企業相繼發展。以造成此今日之繁榮。

輸往歐洲貨物之增加。國際貿易之興盛。因之而船舶之交通日繁。遂爲國際經濟上之重要分子。一八五〇年。乃頒布航海法。Seheepvaartwet 從前對外國船舶之差別的不利益之點。全行廢止。於一定條件之下。而與以和蘭船舶之同一待遇。一八五三年。摩鹿哥羣島開放爲自由港。一八五六年。設關稅法。 Tariefwet 採用特惠關稅制度。一八七二年。旋撤除特惠關稅之差別制度。與外國以貿易均等之機會。東印度世界通商之發展。實以蒸汽船之進步爲可驚。一八六二年以後。歐洲印度之距離。時間非常縮短。一八六九年蘇彝士運河開鑿後。歐印交通時間之距離。益近如鄰國。歐洲對於印度物產之輸入。印度對於歐洲製品之需要。日日增大。與交通之利便。相爲因果。一八七〇年。荷蘭汽船公司 Stoomvaart-maatschappy 成立於荷京菴士特登姆。此公司專以應歐洲之遠航。而東印度羣島間之交通頻繁。應時勢所要求。蘭領印度汽船公司。 Nederlandsch-Indische Stoomvaart maatschappy 亦於一八六六年設立。卽現時最有力的司航路命令之王立郵船公司 Konin klijke Paketvaartmij 之前身。

基那樹之栽培。亦以其時發見。一八五二年。政府於荷蘭萊丁植物園。獲有苗・木數株。移栽於芝磨他士 Tjibodas 地方。爲基那樹入東印度之始。同時有德國植物學者哈士卡爾氏。 Hasskarl 受荷蘭政府之命。往基那樹唯一之產地南美洲祕魯。 Peru 買取基那苗木。得有四百株。送來印度。其內一部份已殘廢不能發育。後經植物學者佛蘭士・讓翰 Frans junghuhn 栽培之周到。苗木漸次增加。然此等苗木品質不良。收穫後難以製造。一八六五年。政府得自英國人 Ledger 讓授之優種基那籽。試行栽培。其結果乃有美滿成績。一八七三年。最初有二百基羅格蘭姆之基那皮。發見於菴士特登姆市場。基那栽培。初皆由政府自任經營。然與强制栽培分離。悉用自由勞働者。至一八七七年。乃有民間栽培之成立。

政府對東印度如斯之經濟的發展。爲土人生活上之福祉計。殖民地教育問題。自然比較其他問題。可以附之等閑。然爲精神的發展計。當然留意於學校教育。一八六八年設立小學教育之規則。一八五九年設立威廉三世高等學校 Gijmnasium Willem III 於巴達維亞。一八六〇年高等市民學 Hoogere Burgerschool 相繼成立。一八六四年依殖民地官吏養成之目的。開特別科於萊丁大學 Universiteit 指定印度語學、地理學、人種學等之教授。一八六六年政府爲養成土人教師計。再設師範學校於萬隆。Kweekschool te Bandoeng 自是而後。土人教育。漸漸爲有組織的進步。

第三十五章　荷蘭勢力之於外領

十九世紀初葉之外領情勢。既如第三十二章所述。吾人更就其後外領全體荷蘭統治實權之發展而詳述之。久抱外領放置主義之巴達維亞政府。見婆羅洲英國人之活躍。乃認外領統一爲要務。若政府固守其歷來外領政策。統一不完全。難保無外力侵入之事。總督羅玫申氏。以此爲慮。乃大變其方針。注全力於外領征定之事業。時之殖民大臣畝特氏。持反對之論。無何等積極的進行。僅於外領中已承認爲荷蘭勢力範圍圈內者。加以充分之監視。及依條約規定爲荷蘭主權支配之地域者。努力以保全其宗主權而已。然勢力範圍及宗主權之承認。孰若統治實權之擴張。政府自一八四八年以後。着手於統一事業。有幾度外領遠征隊之派遣。然如斯遠征隊之派遣。其效果係一時的。僅在政府繼續用兵之期間。迨軍隊撤回後。仍依舊有不穩之騷擾。政府徒依兵力以行其暫時的平定。而對於根本統治之實施。缺乏勇氣。歷來強制栽培制度所舉之財政收入。悉數貢納於母國國庫。而不供殖民地自身政治之用。以致外領統一大事業巨額之費用無着。唯臨時派遣懲罰的軍隊。作無益之努力。結果國幣虛糜。誠屬惜一失十之愚策。一八六四年。印度參議會對當局此種不澈底之政策。發出反對之警告。政府當局者得此當頭一棒。乃充分注力於外領統一之事。

蘇門搭臘一島。立於荷蘭直轄統治之下者甚少。在直轄地域內。政府尙有幾多威令之行。若離海岸地之內地一帶。全屬野蠻未開之處。其土酋專制橫暴。土民不能保其生命財產。又海岸地中。立於荷蘭治下各地方。奴隸買賣之風尙盛。海賊跳梁。恣行掠奪。就中以亞齊國爲最著。一時有海賊國之稱呼。巴達維亞政府。對一八二四年與英國所締結之倫敦第二次條約。荷蘭負有亞齊國監督之任。并保持亞齊通商沿海航路之安全之義務。基此義務。有幾度示威行動。以防遏海賊及奴隸之買賣。南榜士 Lampongsche Districten 地方。依一七五一年及一八〇八年條約。已編入政府直屬地域。依舊爲騷擾之中心。全屬政府政策之誤。僅知節約國費。而無透澈之設施。乃致暴徒之跳梁益甚。一八五六年頃。南榜士爲亡命之曼丹人所煽動。暴動勃發。政府軍乃派大隊討伐軍征定之。一掃從來之禍根。而施以統治實權。暴徒稍稍絕跡。土人民得享安寧幸福。蒙古彜之力讓 Redjang 及里夢 Lebong 等之小獨立王國邊域。常有盜賊起而跋扈。一八五九年至一八六八年間征定之。其情勢遂着着改善。峇達 Batak landen 地方。宗教傳播之事業亦告成功。歸依基督教之土人。皆熱心希望荷蘭之統治。政府於一八六〇年。獲得尼亞士 Nias 島爲屬地。後以上地方皆免受亞齊人之侵害。巴南夢地方。早置於政府直轄統治之下。初時政府多姑息的設施。威令不行。山地一帶仍有可憂之狀態。政府乃確定巴南夢爲洲治。設官治事。完成其統一事業。詹美及蘇門搭臘東海岸地方。荷蘭勢力。乃隨之而伸展。絲亞國自一八五五年以來。蘇丹與其兄常起葛籐。爲國內和平之害。蘇丹自力不能屈服其兄。乃轉求英國人冒險家威爾遜氏 Wilson 之援助。以保持其自己之優勢。其後功成。威爾遜氏對於蘇丹之酬報。逾量要求。蘇丹被迫不堪。乃請於巴達維亞政府。爲驅逐威爾遜氏之後援。政府以英國已經承認荷蘭主權。對彼之要求爲不當之理由。乃追放威爾遜氏於絲亞國外。於茲一八五八年。政府與蘇丹締結絲亞條約。Siak-tractaat 絲亞及其附屬地確立於荷蘭主權之下。然此所謂附屬地之範圍問題。又與亞齊發生爭議。從來缺乏圓滑關係之亞齊因此問題。形勢更見緊張。政府又於亞沙漢 Assahan 及茵特拉凝里 Indragiri 地方扶植其勢力。此地方漸漸有農產之大屬望。至一八六四年頃。遂爲歐洲人企業家所注目。移入大資本。開始栽培煙草。卽以樹立蘇門搭臘今日煙草發達之基礎。勿里洞島錫之採掘。一八六〇年。設立勿里洞公司 Billiton maatschappij 以當其事。此公司今日尙繼續獲得政府錫礦山之租借權。

巴達維亞政府接收東印度植民地於英國之手後。婆羅洲亦歸順於荷蘭。森麥士 Sambas 蘇丹及婆羅洲西海岸之土王等。當時勢力甚大。常有反政府之運動。政府初時出以放任態度。英國乃扶植其勢力。中國人亦多不逞之徒。二者皆爲巴達維亞政府婆羅洲統一事業之妨害。中國人等以採掘金礦之目的而渡來。其企業經營之後盾。設一大組合之公司。Kong-sie 以伸展其勢力。此等組合。爲中國人之中心團體。其團結力恰如一小獨立之共和國。乘土人等之愚弱多傲慢之行爲。政府決定以强硬手段威壓中國人。一八五四年討伐軍直搗彼等根據地蒙特拉羅 montrado 而覆之。中國人反荷蘭之氣勢遂滅。一八五五年再有祕密集會設三指會 San Tji Foei 以資號召。事爲荷蘭船長衞爾士彼克氏 Verspijck 所知。以其會員名册密報於政府。遂爲政府所撲滅。政府從此漸漸舉得統治之實權。曼惹馬辰。從前已歸順於荷蘭。旋以王位承繼問題惹起紛議。一八五二年蘇丹死亡。土人等擁立僭王。巴達維亞政府出而干涉。無論此內政之干涉。爲土人所不喜。且右之僭王。到底尙得一般人之信仰。國內物議騷然。一八五九年暴動勃發。殺戮多數之歐洲人。政府乃連派討伐隊。經三年討伐之苦心後。乃奪回僭王之王位。而其黨徒等。受迫壓而遁入婆羅洲之內地吐蘇。Doesoenlanden 政府以此退入吐蘇之殘黨可以聽其自行衰滅。而事實乃相反。彼等乃永永維持其勢力。疊次窺脅曼惹馬辰之邊領。

西里伯島立於政廳直轄統治之下者。僅有靡拉哈沙 minahassa 及望嘉錫。其接攘地域。初無何等困難問題發生。當時西里伯之南西方。有莫尼莪哇、魯宇、Loewoe 等小獨立國之割據。有幾多之小土王國。結爲聯盟。以保護相互之利益。此等之中。不斷的與政府搆事。就中以莫尼國爲甚。政府對西里伯事業。殆全體受其阻礙。元來西里伯次於爪哇摩鹿哥諸島。同爲多量通商貨物之生產地。十九世紀初葉其生產力減退。無復昔時政府財源之價値。一八二五年。番垠氏將軍討伐後。(參照第三十二章)莫尼國王仍頑迷而持其反政府之態度。延至土人等對歐洲人全體。皆懷敵視之意。嚴禁白人之入境。是卽巴達維亞政府未嘗根本征定之所致。莫尼國王及政府之行動。波動四鄰。土王等咸受惡化。而多不遜之行爲。政府派使節責問。求解決於樽俎之間。傲慢之土王。對使臣而加以淩辱。政府遂決計派遣討伐軍。一八五九年第一次討伐軍失敗。次年由番綏登氏指揮官。率第二次討伐軍。乃得收效果。奪取王城巴森巴。Pasempa 其攝位之王妃遁走。政府另立亞爾宇・巴喇爲王。莫尼國從此失其勢力。無復昔時之崛強。然討伐軍疎於善後之策。誤信土王爲有誠意歸順。對於媾和條約之規定。領土境界之分割。未取得充分保證。莫尼國漸復其舊態。迨政府要求媾和新條約履行時。復有紛議繼起。

第三十六章　亞齊戰爭　(其一)

荷蘭對於東印度殖民地之開拓。於茲約歷三百年。中間經幾多之困難。受幾多之犧牲。一八七三年魯登 Louden 總督統治時代。復有亞齊戰爭之勃發。尤爲最大之困難。戰事延亘三十年。增加國費鉅額之支出。喪失多數人之生命。一時外領統一之事業。幾於中途停頓。由來政府巧於爪哇統治之策。而外領治策則甚拙。就中對亞齊戰爭。尤足見政府暗於亞齊之事情。非爪哇土王國懷柔政策所能成功。亞齊國位於蘇門搭臘之邊土。其所以有特殊之國情者。亞齊人宗教上之狂熱者。爲政治上荷蘭勢力之侵入。不少反感。且憎惡之爲異教徒。吾人欲述亞齊戰爭。當先就亞齊國之沿革。及其社會組織之情形。而加以說明。

一六三六年。最武勇之蘇丹伊士干塔爾 Sultan iskandar 死後。亞齊國運凋落。土酋等各起而割據。殆陷於無政府之狀態。其勢力恆伸入爪哇以外各處。十八世紀末。爲東印度公司可怖之强敵。入十九世紀後。外國通商日盛。國庫收入益豐。土酋等益得充份操縱。蘇丹在政治上之勢力着着減殺。而歷來傳國之封建制度。團結益堅。

地方分權的政治之結果。土酋等掌握大權。事實上對於各自之部落內。有絕對的統治權之行使。恰如多數小獨立國之并立。蘇丹勢力僅限於局部的。全無左右土酋等之能力。是爲亞齊征定事業之最大障礙的原因。亞齊國之組成。分政教兩權。有二重統治之現狀。先以同一之地方。有數箇之村落相結合。造成一箇之團體。設一統率之酋長。稱爲呵里砦朗。 Oleebalang 此等之團體。合幾箇而成一洲。稱爲沙凝。 Sagi 合三箇之沙凝。而成一大亞齊國。此大亞齊國。由各沙凝內之呵里砦朗中。擢一最有勢力者。以負全國之統治責任。稱爲班里馬沙⿱髟疑。Panglimasagi 然此爲純粹政治的組織。此外宗教上亦有一種權力之關係。即由各村落之間。合組一箇之巫金。Moekim 上述三沙⿱髟疑之中第一沙⿱髟疑,有二十二巫金。第二沙⿱髟疑、有二十五巫金。第三沙⿱髟疑有二十六巫金之成立。各巫金設主教一人。於其巫金之內。有司教權。所謂神界之主宰者。漸次擴張其勢力。以侵入俗界之域內。而掌握政權。立於呵里呇朗之下。儼然爲其領域上之統治者。往往與呵里呇朗發生衝突。以上卽爲大亞齊之組織狀態。此外十九世紀間。沿海岸地方數多之土王國。歸順於亞齊蘇丹。負有朝貢之義務。而實際上附屬小國。悉由其接近諸酋長等直接統治。有自主權。蘇丹自身之職權。有名無實。僅於對外關係之接衝。負有代表外交之全權而已。亞齊蘇丹既無權力。諸酋長等益橫暴恣肆。歲無寧日。慘酷之爭鬥不斷。土人生活。無從保護。財產不得安全。海面掠奪之盛行。奴隸買賣之惡習。蘇丹卽欲通令諸酋長等防遏禁止。亦無此實力。

巴達維亞政府與亞齊之關係。一八二四年倫敦第二次東方殖民地協約。其主要點。荷蘭承認亞齊國之獨立。而任其監督。以維持亞齊通商及沿海航路之安全。既然亞齊國與以獨立。巴達維亞政府對亞齊政策。甚無活動之餘地。而事實上荷蘭政府在亞齊內權力全然樹立。爲期通商之自由安全。欲實行禁止海賊橫行奴隸買賣之蠻風。而竟不可能。政府乃採用果斷方策。不能再似前此之放置。決計派遣海軍以討伐海賊。亞齊人以政府何故爲此欺侮。益增長其凶暴。

一八五〇年以後。政府對亞齊政策。着着爲積極的示威運動。亞齊海岸。屢屢有政府軍艦之巡遊。一八五七年。政府軍艦。與蘇丹伊勿拉歆・鑾蘇爾・絲耶 Ibrahin mansoer sjah 締結和親。派遣使節。賫呈總督親翰及贈品。政府使節到亞齊後。備受歡迎。兩者間遂立成和親條約。蘇丹承認荷蘭人在亞齊近海通商航海安全之保證。且願努力於海賊橫行奴隸買賣之撲滅。既然蘇丹之間條約成立。諸酋長等能誠意履行。自然可收實效。不料次年因爲政府收歸絲亞 Siak 國之事。而亞齊國之關係。又見破裂。元來絲亞國之所領地域。以地理之關係。爲亞齊强國所垂涎。一旦收入於政府之手。亞齊人大不滿意。懼荷蘭人勢力之侵入。致疑及和親條約之真意。而有不信任政府之叫囂。亞齊人反政府熱。着着挑撥。海面幾多懸掛荷蘭旗之船舶。爲海賊所捕拿。陸上則於絲亞國領地之峇都峇拉。Batoe Bara 荷蘭人之居留者。爲暴徒所炮擊。巴達維亞政府怒此亞齊人之暴行。責問蘇丹之違約。令其說明責任。蘇丹回答。政府認爲不滿意。時局正在險惡。加之英國對於荷蘭之割取絲亞國領地。認爲有違反一八二四年倫敦協約。而提出抗議。巴達維亞政府一時大爲棘手。其後以交涉之力。得英國之諒解。而撤回其抗議書。并約明以後不干涉政府之行動。元來亞齊海航路之安全。爲英國東方政策最大之急務。一八六八年蘇彝士運河開通後。歐洲亞細亞間之通商航路。移於蘇門搭臘北方之海。亞齊遂成爲萬里鵬程長航路之最好休憩所。且爲不可缺之貯炭場。亞齊人既持反歐的態度。海陸蠻風盛行。而當時回教徒間。乘回教復興運動之勢。種種妨礙歐洲人在亞細亞之活動。此點乃英蘭兩國共同之利害。英國從此而援助荷蘭巴達維亞政府統一亞齊。不啻爲自身利益之事業。巴達維亞政府。知亞齊爲東洋航路之重要點。若長聽亞齊之野蠻。始終出以放任。恐第三國藉口而實行侵畧。乃愈決定採用嚴硬干涉政策。以改決之。

一八六八年。亞齊蘇丹以巴達維亞政府漸漸加以壓迫。乃乞救於土耳其 Turkije 國之蘇丹。保護回教徒。庶亞齊國不入於異教徒之手。然土耳其國對外列强之困難。不能應其要求。荷蘭對蘇門搭臘有優越之地位。經過英國承認後。無何等第三國有力之拘束。又亞齊非純然獨立國。其宗主權得自由讓渡於他國。荷蘭政府在亞齊確有獲得治權之地位。一八二四年倫敦協約之改正。英國荷蘭締結蘇門搭臘新約。Sumatra Tractaat 以一八七二年成立。得英國會之承認。依此新約。荷蘭以亞非利加之幾尼亞 Guinea 殖民地。讓渡於英國。而英國則願放棄其關於蘇門搭臘之要求。助成荷蘭政府征定統一之事業。英國人在絲亞地方。此後置於政府統治之下。以與荷蘭人享同樣之利益爲保證。如斯巴達維亞政府得英國諒解之下。對於亞齊統一。自由行動。自然有採用高壓手段之必要。

巴達維亞政府對於亞齊人之蠻行。處處加以責問。注力於奴隸買賣之撲滅。且對於蘇丹與諸侯間之爭議。時時出而干涉。防萬一之騷擾。政府一方於海岸主要地。設置燈臺。以謀航海之安全。如斯和平的方策設施。亞齊人亦生反感。情勢緊張。漸次迫成政府用兵之不可緩。此不可避免之戰爭。從茲而起。

未開化之蠻民亞齊人中。亦有善識時運者。主張承認荷蘭之主權。以開發國內事業。所謂親蘭派是。反之、而他之一派。始終抱鎖國排外之方針。此等二派之相反。持論各殊。釀成激烈之政爭。一八七〇年。親蘭派之馬巫・伊士干塔・絲耶 Wahmoed Iskandar Sjah 卽位爲王。巴達維亞政府見此親蘭派之出現。大爲欣喜。由荷蘭派出正式使節來亞齊。以謀兩者間日後關係之密切。蘇丹亦派遣其諸王侯數人。中途歡迎。政府對此亞齊國使節。初並不懷疑。以正式禮節待遇。遽行交換意見。希望亞齊國之容納。乃此亞齊使臣等行動離奇。道經新嘉坡時。逕自上陸。向伊大利北美合衆國等之駐紮領事。具訴亞齊之危急。巴達維亞政府如何侵略。如何橫暴。求二國之保護。伊大利領事拒絕其要求。惟美國領事。未察知亞齊國隱情。遽承諾代爲保護。約由美國政府與以相當之援助。此亞齊使臣在新嘉坡暗中活動之眞相。巴達維亞政府聞之大爲驚愕震怒。加之當時法國在亞齊國。假後援之名。行其侵略之實。巴達維亞政府決定防遏第三國之侵害。荷蘭殖民大臣。嚴命總督積極進行。即以印度參議會副議長爲討伐亞齊之總司令。率軍艦四艘出發。復調遣陸軍三千八百名。同時以三月中旬到着於其目的地。

第三十七章　亞齊戰爭　（其二）

巴達維亞政府。以亞齊使臣在新嘉坡之行動。提出嚴重抗議書。送達於蘇丹。令其有滿意之回答。蘇丹答詞極曖昧。政府認爲不滿意。遂向亞齊宣戰。政府以精銳之兵。自信無難一舉而征定之。不料亞齊人慓悍勇猛。頑强抵抗。政府軍爲之退却。第一次戰事無佳成績。同年續派綏登 van Swieten 總指揮。率八千餘名之第二遠征隊向亞齊進發。兩軍開始接戰。政府軍鑒於第一回之失敗。作戰計畫周密異常。海陸連絡完固。戰鬬部隊活動自由。經幾多激戰之後。政府軍漸占優勢。遂肉薄王宮。而入於政府軍之手。旋就宮城改築要塞。爲討伐軍參謀策源之大本營。改名曰哥礁拉惹 Kottaradja 時適値惡疫流行。軍隊中受多數之犧牲。彼蘇丹亦於王宮陷失後數日中疫而死。此蘇丹之死。時局上并無何等影響。政府軍得佔奪王城之報。士氣大振。謂亞齊已失去抵抗力之中心。不久卽可完全屈服。然此僅爲荷蘭人方面之樂觀。而不知亞齊國之蘇丹。其勢力甚薄弱。無支配諸王侯之力。亞齊國之向背。全視土酋諸侯等之態度。彼頑强之諸侯等。對於王城之失陷。蘇丹之死殁。殆無關痛癢。政府軍乃乘勢以進迫土酋諸侯。并宣言爾後荷蘭主權確立。代蘇丹而行亞齊之統治。原有之三箇沙礙。合併歸屬於政府。彼敵抗之諸侯皆喪失其資格云云。

綏登將軍先行第一步之守成的統治。任命陸軍大佐彼爾氏 Kolonel Pel 爲亞齊監督官。與以軍事上并行政上之大權。政府軍作戰之困難者。因地理之不熟諳。致多疲弊。加之可怖之虎烈拉及其他惡疫猖獗。兵士死亡日多。意氣銷沉。不得不暫時休養。亞齊國窺知政府軍之疲弊。乘

熏登將軍

虛起而襲擊。幸政府軍得新銳軍隊之增援。猛勇接戰。當時戰死者病亡者之數甚夥。戰鬪力之維持。誠爲政府多大之苦心。一八七六年。不幸而彼爾氏大佐死。一八七八年。政府任命有名敏腕之熹登將軍 Generaal Karel van der Heyden 爲亞齊監督官。以司一切統治之事。彼之巧妙的統治策。着着進步。征略地域。漸次擴張。土酋諸侯等陸續歸降。亞齊統一之大業已成。戰事從玆可告終了。政府擬卽解除軍事的戒嚴。而用平時之政治。監督熹登氏謂依照時局情勢。未可過於樂觀。主張亞齊國內至少須有保安軍隊之留置。一八八一年撤回軍隊。一方任命敷芬氏 Pruijs van der Hoeven 繼任監督官。未幾而亞齊混亂復起。

新任監督官敷芬氏遵守政府之方針。專注力於和平的政治。而避免軍事的應付。彼之意見。以武力統治。徒以激亞齊人之怒。挑撥其反抗。益爲統一事業之妨害。故舍武功而重文治。以期彼土人等沐文明之惠。心悅誠服。而不知此舉爲亞達維亞政府對亞齊政策方針之錯誤。從來亞齊人等最富於排外之特性。且以憎惡異教之故。彼等決無誠意降伏於異教之白人。熹登監督時代。其後數年。尙有一線和平之曙光。乃未幾而亞齊國又混亂如故。有多數之賊徒。蜂起橫行。放火殺人。和平村落。悉受賊徒之蹂躪。交通運輸之連絡。亦爲賊徒襲擊而遮斷。一時秩序全失。亞齊人排斥異教者荷蘭人之侵入。以爲受神所命。藉口以爲聖神戰爭。

Heilige Oorlog 一部份迷信者互相喧傳。益以增長暴徒之氣勢。政廳中心之高礁拉惹王城。亦被暴徒襲擊。監督官鑒於形勢日非。遂請求軍隊之應援。然往者陣營既經解散。軍隊之出動。自非容易之事。且今之監督官專司行政內務。欲其兼施軍事戰略。乃不可能之事。敷芬氏見事態收拾之難。於一八八三年乃自行引咎辭職。舉綏登將軍之參謀官以繼其任。一八八四年亦相繼辭職。

政府乃恢復有行政權軍事權同時行使之監督官。作戰計畫。全然改變方針。陸軍咸集中於哥礁拉惹王城。及其接壤地域。以漸進的方法。徐圖征定。陸軍屯營之中心哥礁拉惹王城。與外部之境界線上。築幾多之要塞。各要塞間設輕便鐵路爲連絡。以杜外敵之侵入。沿海岸地點。亦築堡壘以備敵。此方法名曰集中制度。Concentratie-stelsel 乃巴達維亞政府一種節費之策。何則、亞齊用兵。歷茲已十餘年。東印度全體陷於不安。戰費年年增高。迄一八八四年。至少有一億五千萬盾之支出。遂至政府國庫同年份有八千六百萬盾之不足。欲回復舊時財政之餘裕。甚屬困難。加之、瘴癘蠻氛之戰地。犧牲兵士無數。政府爲此苦境所軟化。對於統一事業。殆有放棄之傾向。乃行此集中制度之消極的方法。先爲戰費之節約。然後希望目的之達到。每年約七百萬盾戰費之激減。然要塞內完全統一。而出線外一步。則亞齊全國全在黑暗。獨有暴徒到處橫行。海上雖有多少防備。然海賊跳梁如故。荷蘭船舶。殆難脫逃彼等之兇手。

政府於一八九三年收撫有勢力之酋長一人。依此酋長所建議。願加入荷蘭軍以運動其他土酋。爲全土之征定。然此有勢力之酋長。前曾爲反政府派之袖領。彼歸順後實未可鬆於監視。且其所建議亦未可充分利用。果然此酋長棄其假面具。於一八九六年企謀叛逆。奪取政府軍隊之精銳武器。與鉅額軍用金而逃。忽糾合其舊部而高舉叛旗。亞齊人爲此酋長之舉兵所引誘。再造成混沌之內亂。

由第一回亞齊討伐軍隊起迄今已二十五年。而勝利尚未能確定。巴達維亞政府之無能力。益以增長亞齊暴徒之蔑侮與馴良士人之怨嗟。巴達維亞政府。認爲有改變方策之必要。一八九三年以後。全然放棄其舊方針。而採用新政略。政府如斯之改換方針。其動機之造出。由於熟諳亞齊內情甫爾格羅雅博士 Snouck Hurgronje 及番核士 J. B. Van Heutsz 二人之建議。甫爾格羅雅博士。對於亞齊國及亞齊人研究詳細。著有『亞齊人』一書。凡亞齊國之制度組織。亞齊人之生活心理性情等。調查精確。幷闡明其暴動之原因。與政府亞齊政策之錯誤。此書於一八九三年出版。與當局以甚大之覺悟。番核士氏乃一步兵少佐。同時以

番核氏平定亞齊進兵時之狀況

其關於亞齊之意見著一小册。依其所主張。謂集中制度小數軍隊之利用。不啻當局者表示其能力之薄弱。亞齊人向來厚愛自由。除一部野心家外。餘多非好戰者。今政府以少數討伐軍進。結局亞齊人無戰敗之後憂。欲其自行屈伏。實不可能。番核士少佐之主旨。以現存之集中制度。儘事維持。惟宜增加兵力。進行全土澈底的討伐。或可望成功云云。時殖民大臣卡禮靡爾 J. T. Cremer 及總督威克 Van der Wijck（一八九三年至一八九九年）等。皆傾聽其說。而決定大舉進兵之出發。

一八九六年。新任將軍衞德爾 Vetter 以司統治之責。全然拋棄從前姑息之態度。而臨以強硬嚴酷之手腕。到處激烈衝突。先以全力撲滅彼等暴徒。一八九七年以後。大亞齊情勢漸趨和緩。惟卑梯爾 Pedir 地方。依然爭鬥相續。有僭稱蘭丹者。率其徒黨以抗。番核士少佐活動奮戰。遂奏征定統一之效。番核

征定亞齊之番核氏

士少佐以功升任亞齊監督。幾多土酋等陸續降服歸順。一九〇一年三馬朗岸地方確認荷蘭主權。如斯大亞齊之粗定。尚有一部土酋執拗反抗。一九〇四年。陸軍中佐他連氏 Van daalen 於歐洲人足跡未到之地由卡友 (Gajoe 及亞拉士 Alaslanden 地方作冒險遠征之行。全亞齊地方之統一。得慶功成。彼反政府派之首魁。僭稱蘇丹之巫哈密・他屋、Moehamet dawot 及班里馬・波廉、Panglima Polem 拉惹・番姑馬拉 Radja van Keumala 等。相繼無條件投降。監督番核士氏以土人酋長等立於荷蘭完全主權之下。

亞齊蘇丹之歸順南向而立者為番核氏監督官
番核氏以一九〇四年升任總督

而與以各領域之行政。一方發布其所謂簡單宣言。Korte Verklaring 要求土酋署名。並宣誓遵守此宣言書之內容。其主要點如左。

第一　亞齊國爲搆成蘭領印度之一部。立於荷蘭宗主權之下。因而吾人對於荷蘭國王陛下。及其最高代表者總督閣下。誓以忠誠尊奉之。且吾人統治上之權限。確認爲總督閣下所委任。

第二　吾人對他國列强。不得締結何項種類之協定。荷蘭之敵。即屬吾人之敵。荷蘭之友。亦卽屬吾人之友。

第三　吾人對於荷蘭國王陛下。及依其名而發出之命令。均遵奉履行。又蘭領印度總督。及其代表者、所發布命令。不論如何場合。均有同樣遵守之義務。

以上犖犖三條。第一第二對荷蘭宗主權。已無條件的承認。第三荷蘭宗主權。絕對的指揮。亦規定明確。是卽完全中央集權之樹立。

亞齊統一之事業。始終閱三十年。至一九〇四年初。乃真實終局。爲外領統一中之最困難事業。巴達維亞政府。鑒於前此亞齊人之反覆。一方注全力於政治秩序。他方仍留置軍隊。以備萬一之再逞。慓悍勇猛之亞齊人。至此亦帖然馴服。雖間有二三之小暴動發生。然大都限於一局部的。不旋踵而卽鎭定之。

此等騷亂。似爲過渡時代所不能免之事。至今殆不復有此種事變之醞釀。亞齊人近來之生活幸福。日見安榮。非復土酋統治時代所可比擬。一九〇三年後。開闢沙萬海港。通商日盛。農產畜牧業。相隨發達。交通機關。如道路橋梁之架設。輕便鐵道之開通。全亞齊面目一新。土民教育之學校擴張。土人智識。亦不如昔時之幼稚。

第三十八章　經濟之發展狀況

荷蘭東印度。擁有豐饒肥沃之土地。蘊畜無盡藏之富量。爲世界經濟之大舞台。最近二十五年中。蘭領東印度農產業、鑛業、通商。其發達至足驚異。依其經濟能力之發揮。荷蘭東印度之名。震於全世界。吾人於此歷史中。當然於此最近之經濟的發展。爲特筆的撮要之記載。

東印度既擅有天賦之沃土。又有低廉之勞力。與鉅額資本之移入。加之以近代科學智識之進步。乃以促成今日之隆盛。爪哇砂糖產額年約百五十萬噸內外。一九一七年增至一百八十二萬噸。爲近年之最高記錄之產額。咖啡產額平均年約九十萬擔內外。一九一七年乃增至百二萬擔。橡皮爲近年新有之產物。以馬來半島爲中心。東印度橡皮產物之勃興。異常昂進。一九一四年僅有一萬餘噸之生產。一九一八年增至五萬五千餘噸。一九二〇年又增至六萬六千噸。比較上增加數倍。煙草產額平均年約百萬擔內外。茶年產額約四萬五千噸。基那之栽培。爲東印度獨占之物。能左右世界市場。基那皮產額年約一萬噸內外。基那粉年約六百餘噸。以上皆歐洲人主要之農產物。此外如土人之食糧。米、樹薯、玉蜀黍等。皆佔於重要貿易商品之地位。

東印度鑛業。除三四寶石鑛業。屬於古代貴金屬之採掘外。其近代沿革之佔重要地位者。如金、銀、錫、石炭、石油等。產額日鉅。皆有長足之發展。就中以石油爲最開發。東印度羣島自古代卽以金產地著名。東印度公司最初在蘇門搭臘西里伯二島。從事於金鑛之採掘。當時以缺乏經驗。且無專門智識的人才。暗於技術方面。多所失敗。東印度公司。僅向土人依原始的方法所採掘者。買取其商品而已。至於東印度羣島以現代之設備。開始採掘。實二十世紀以來之事。蘇門搭臘西海岸之禮讓力夢 Redjang lebong 敏都汗 Bintoehan 絲摩 Siman 等。皆以充分資本設立鑛山公司。金鑛採掘熱最旺盛時。在十九世紀末葉。其中禮讓力夢金鑛公司。最有成績。其股票價格。常得維持在千盾以上。其後鑛脈將盡。股票忽暴落至百盾。今日大體尚有百七十盾之市價。可以維持。此等蘇門搭臘西海岸金鑛採掘公司之設立。其獲益非僅在富源之開發。且對於該地方一帶之土人。與以多大勞働之機會。尚有鑛山經營之必要上運輸機關。須有堂堂幾多之道路之築造。其周圍所蒙之利益。實在不少。西里伯及婆羅州。亦設立大規模之鑛山公司。從事於金之採掘。此等金鑛山。除金而外。同時有銀、銅、鉛、亞鉛等之出產。巴達維亞政府。以錫鑛山之採掘。爲國庫收入之莫大財源。其主要錫產地。在網加島、勿里洞島、新岌 Sing Kep 三處。網加錫之採掘。遠在十八世紀初葉。東印度公司獲得其利權。英國統治時代。基於政府之獎勵。異常發達。迨後英國以殖民地返還荷蘭。巴達維亞政府自任其採掘之經營。其產額每年平均一萬二千噸。乃至一萬五千噸。迄至今日。政府所得之利益愈大。其純利益。不論市價之如何變動。平均年在二千四百萬盾內外。網加錫產額最多。佔東印度錫全產額百分之七十五。勿里洞錫。一八五二年政府以其採掘權。給予勿里洞錫鑛有限公司。握有全島之採掘權。一八九二年重新訂約。迄至一九二七年爲有效期間。其產額最近平均年達五千噸。勿里洞錫鑛有限公司。負有以其利益八分之五納入政府之義務。此政府納入之金額。依錫市價之變動。所差甚鉅。雖百萬盾亦爲常事。一九一八年五百餘萬盾之納入。爲最高之記錄。新岌錫爲私人錫公司所採掘。比較前二者產額較少。僅五百噸乃至七百噸之間。新岌錫公司。與勿里洞錫公司一樣。須以其總收入百分之四納入於政府。如斯東印度之錫礦。實爲政府有力財源之一。故錫市價之變動。輒與政府以財政豫算之重大影響。

東印度羣島之石炭有組織的採掘亦屬最近之事。一八四九年羅玖申氏 J. J. Rochussen 總督在婆羅洲之荷蘭雅・那蘇 Oranje Nassau 炭坑開始採掘。其出炭量少。利益不能償其經費。一八八四年事業停止。蘇門搭臘西海岸一八六八年翁美辨・里威爾 Ombilin-Rivier 地方發見炭脈。一八九二年開始採掘。然其位置甚不利便。政府於開始採鑛以前。先於炭坑之南把東海口 (Emma Haven) 築造距離百五十六基羅米突之運輸鐵路。一八六八年全路完成。政府對此炭坑之開發。費多大之努力。今日每年出炭約五十萬噸上下。而其純利益亦約有五百萬盾。翁美辨炭山之總炭量達一億九千噸以上云。婆羅洲南海岸一小島浮羅拉鬱 Poeloe laoet 亦有石炭山。一九〇三年設立資本五百萬盾之鑛山公司。開始經營。一九一三年以後。爲政府所收買。今日之出炭量平均年約十二萬噸以上。將來設備完全可希望出炭至四十萬噸。此二炭坑之外。政府尚有蘇門搭臘島巴南夢洲內、沿力馬丹河流 Lematang 之巫基亞森 Boekitasem 炭坑。一九一九年從事採掘。其出炭量僅有六千噸內外。以上所述三炭坑皆屬於官營業者。此外二三之民業經營。無甚重要。荷蘭東印度石炭之出產。到底尚難充其需要。政府極力擴張。其結果產額逐年增加。一九一九年已超過百萬噸之出炭。

東印度石油事業。在最短之沿革中。其發達至足驚異。其石油採掘之先鋒。當以一八八三年蘇門搭臘島之壟葛 Langkat 地方爲嚆矢。此後南東婆羅洲、東蘇門搭臘、亞齊、南夢蘇拉末亞等地。到處發見油田。石油事業。遂呈偉大之發展。一八八九年僅有二百六十噸之出產。十年後一八九九年。一躍而至二十三萬噸。更十年一九〇九年。遂有百四十萬噸之可驚的增加。迄至今日有二百萬噸之豫想。占居世界油產地中之第三位。東印度石油業大規模之機運。由於一八九〇年蘇門搭臘油田之開發。設立資本百三十萬盾之蘭領印度石油採掘公司 Koninklijke Nederlandsche maatschappij tot Exploitatie van Petroleumbronnen in ned Indie 之活動而起。同時美國之蘇干圭特 Standard Oil Co. 石油公司在蘇門搭臘之事業開始。英國之絲爾運輸貿易公司 Shell Transport and Trading Co. 在婆羅洲因石油採掘之目的。而設立蘭領印度產業貿易公司 Ned ind Industrieën Handel mij 至於石油業之國際的競爭。一八八八年設立吐爾特士石油產業公司 Dordtsche Petroleum industrie mij 以開採蘇拉末亞及南夢二洲之油田。而競爭遂烈。一九〇三年以來。乃組織强大之託拉斯。以與美國蘇干圭特公司對抗。蘭領印度石油採掘公司。及英國絲爾運輸貿易公司。合併幾多之石油公司。一九〇七年。上述兩公司。協同增資一億四千萬盾。以設立巴礁甫士石油公司。Bataafsche Petroleum mij 簡稱爲B. P. M. 此公司今日已有二億一千萬之資本。因蘭領印度石油採掘公司。自身漸次擴張。合計目前遂擁有四億盾之雄大資本。爲罕見之大規模商社。如斯東印度石油業。全爲蘇干圭特、及託拉斯中有力少數公司之手所獨占。近年蘇門搭臘詹美 Djambi 地方。發見未曾有之油田。政府擬自行採掘。已經荷蘭國會之贊同。新設立蘭領石油公司。Ned ind Aardolie mij 着手籌備。從來東印度石油業之關係。有英國美國所得權之運動。詹美油田問題。且關係國際問題。故荷蘭政府之計畫。尚在審愼考慮中。

東印度爲原料生產地。包藏無限之富力。唯製造工業。機械工業。爲其所缺乏。近來有幾多之工場設立。漸漸以補其缺。如椰子油花生油加薄油葱叻油等數多之製油工場。又有蠟燭石鹼工場、製紙工場、多數之鑛泉其他飲料水工場、亞納酒製造所、製冰工場、食料品冷藏庫等。相續設立。萬隆市之基那工場。最爲異色。蘇拉末亞機械工場、蘇拉末亞及丹絨勃里喃、之浮船渠、造船所。造船工業。漸次發達。歐洲大戰發生。幾多之貨物供給杜絕。當地產業界受甚大之刺戟。啤酒乳酪工場、自動車自轉車工業。以及其他歷來仰給於外國之商品。咸有自立製造供給之必要。土人之家庭工業着着振興。土人製造工業之最優秀者。當推峇澤業。Batik（卽土人所用之花裙及頭巾）其需要範圍甚廣乃土人獨持之手工業每年約三千萬盾之峇澤用棉布之輸入。

以上所述生產貨物屬於經濟機能上之血液。其流動所司之血管。當然有交通運輸機關之必要。先是東印度在丹德爾士氏總督築成之大道路。爲最初唯一之交通機關。時代既遠。爪哇道路。不獨爲軍事上所需。且以農產業之勃興。如何偏僻之地。亦有平坦康莊之實現。此道路行政。遂爲政府特別所注意。昔時由中央政府直接以當其任。今則由各地方市政廳。以司築造修理。目下有一種之新計畫。行將實現。爪哇全島貫通。設縱斷之新道路二條。以與多數之橫斷道路相連絡。外領道路事業。亦隨產業之發達。而喚起注意。就中蘇門搭臘全島。到處皆有大道路。此等道路。專主用牛車、馬車、旅客運送自動車以及農產物短距離之運輸。此外河川交通之運輸機關。政府設備周到。其利用益溥。政府對此河川土木事業。經專門家之指導經營。設立內務公事局 Departement Van Openbare Werken 以司其事。至今婆羅洲、南東蘇門搭臘、鐵路未開發之地方。此河川交通。今日尚爲主要運輸機關。

既然道路河川設備完全。以促進東印度之發達。就中爪哇經濟之膨漲。不以此而滿足。於是乃有鐵道及小軌鐵道之布設。交關機關之面目一新。東印度鐵道事業最初有國辦民辦之莫決。荷蘭國內議論紛紜。其後乃經決定商辦公司之認可。一八六二年蘭領印度鐵道公司成立。Nederlandsch-Indiesche spoorweg maatschappij 簡稱爲N. I. S.。以造三寶壟、蘇拉卡爾礁、及日惹卡爾礁、路線。及威廉第一之支線。一八七〇年三寶壟蘇拉卡爾礁間、一部份完成。開始通車。一八七三年上述路線全部完成。蘭領印度鐵道公司。此鐵道之布設。爲東印度鐵路交通之先鞭。其造路工程。皆使用多數有賃銀之勞動者。元來東印度道路之築造、港灣之築造等大工程。殆全部採用强制勞役。蘭領印度鐵道公司之道路敷設。乃改用有給之自由勞役。此點實爲土人勞動政策上之新紀元。此公司更於一八七三年。巴達維亞、與靡珍棧諾、間之鐵路。開始通車。政府認爲有設立國有鐵路之必要。乃於一八七八年五月十六日。行其第一期計畫。布設蘇拉末亞、至巴蘇魯安之線。三十六基羅米突。此路線之完成。實官營鐵道之嚆矢。此後遂逐漸擴張。無論一般旅客貨物。蒙其利便。卽其業務自身。亦得舉良好之成績。一九〇六年以來。其發達爲最顯著。其時政府投資總額約一億八千萬盾。一九一四年增至二億三千五百餘萬盾。而客車貨車等車輛。比較一九〇六年約增一倍以上。依一九一九年所調查。國有鐵道之延長。爪哇有三千十三基羅米突。在蘇門搭臘有九百九十九基羅米突。爪哇之快行車。開始縮短其時間。由巴達維亞至蘇拉末亞之旅行。一日可以到達。以萬隆市爲國有鐵路之總站。目下蘭領印度鐵道公司之路線。與國有鐵道公司路線。改用同一闊度之道軌。使兩線得相互通車。蘇門搭臘自一八八三年。由勿拉灣河 Belawan Rivier 經由棉蘭 medan 而至日里吐哇 Deli Toewa 之線。與朕網壟葛 Tem bang langkat 之支線。鐵道敷設權。爲日里鐵道公司所取得。一八八六年七月二十五日。一部份通車。一八八八年豫定路線全部完成。以上所述東印度鐵道之外。交通機關。尚有布設輕便鐵道（或稱爲小軌鐵道）之必要。政府允許有力之商辦鐵道公司。同時幷營多數之輕便路線。結果復有許多之輕便鐵道公司。相繼成立。此項輕便鐵道之延長。依一九一八年末所調查。約達二千二百基羅米突云。政府尚擬增設爪哇鐵道與輕便鐵道之數線。使鐵道網之完成。又南蘇門搭臘、西蘇門搭臘地方巴南夢地方拉轄 Lahat 西里伯望嘉錫等鐵道敷設。正在調查研究中。爪哇輕便鐵道之發達。旅客需要日增。關於砂糖工場之貨物。及其他之農產物。短距離之運送。尤需有自動車。爲交通補助之機關。今日長途汽車公司林立。更與交通上以異常之利便。

東印度羣島之海上交通。及與歐洲之航路連絡。十九世紀中葉以後。船舶公司設立。日臻發達。羣島間諸港航路交通。具有最大之勢力者。有一八六六年創立之王立郵船公司。Koninklijke Paketvaart maatschappij 通常稱爲 K. P. M.即爲蘭領印度汽船公司之後身。此公司受有政府之航路補助費。司多數之命令航路。東印度羣島內。約有二百七十港之定期航行。此外并有澳洲中國之定期航行。今日公司船數有百〇五艘。政府關係之輸運旅客貨物郵便物。悉歸於 K. P. M.手。官吏之因公出發時。亦有特定之優待條例。尚有爪哇中國日本汽船公司。Java China Japan Lijn 對於砂糖橡皮油類基那烟草咖啡茶等物產之輸出。與夫當地土人歐人需要品。農園工場設備用品之輸入。均有充分之船舶。其他荷蘭英國日本瑞典諾威丹墨美國戰前之德國等。皆有大汽船公司船舶之供給。最近數年東印度主要輸出品之總量。平均年在三百五十噸以上。東印度諸港船舶出入。由一九一一年至一九一八年所統計。荷蘭汽船。比較外國汽船。其數大增。雖歐洲大戰勃發。而荷蘭汽船之數。仍淩駕於外國之上。外國汽船之勢力中。以歐戰所生之影響。日本汽船。遂奪德國汽船有力之地盤而代之。爲最顯著之事實。東印度諸港船舶入口之數。一九一八年八千六百五十隻。然溯一九一四年以前之全盛時代。僅僅外國汽船之入港。已有約八千艘之記錄。

十九世紀後半期。船舶之交通。如期發達。對於航路設備內港灣碼頭之築造。自然不能容緩。

印度諸港。對於多數大型汽船之容納。多碇泊於外港。與陸上之連絡。須用駁船之轉折。一八八六年。先於巴達維亞海口建築丹絨不里唷 Tandjongpriok 碼頭。用銀約四千一百萬盾。一八八五年。丹絨不里唷碼頭出入船舶五十四萬九千噸。一八九五年增至八十三萬噸。一九〇五年百六十五萬噸。一九一五年一躍而至三百萬噸。其貿易額。一九一三年一億三千七百萬盾。比較一九〇四年約增加二倍半。蘇拉末亞碼頭之築造。一九一〇年。經專門技術家之愼重研究。以立築港之計畫。其後工事開始。迄今日大規模之築港完成。投資超過三千萬盾。蘇拉末亞港貿易額。一九一一年以來年額二億盾弱。一九一六年增至二億八千萬盾。一九一八年二億九十萬盾强。望嘉錫港。一九一二年開始建築。共投資千五百萬盾。一九一八年工事完成。其貿易額。一九一三年以來。平均年額三千萬盾。目前築港之計畫中。如日里之勿拉港灣。初爲日里鐵道公司所營造。一九〇七年開始工作。經幾次失敗。後得政府之援。工事乃得如期完成。沙曼 Sabang 在蘇門搭臘島哥礁拉惹 Kotaradja 之北方一小島。接近馬拉甲海峽門戶佔良好給炭所之地位。立於荷蘭商業有限公司之下。另組沙曼港灣貯炭公司。De Maatschappij Zeehaven en Kolenstation Sabangbaai 沙曼港之發展。爲一九〇三年以來之事。港灣改良。以此公司爲主任。政府乃於一九一一年以後。以沙曼港之大部。許與長期租借於沙曼港灣貯炭公司。委其盡量開發。西蘇門搭臘之中心在巴東Emmahaven海口。政府初爲翁美犇炭礦石炭之輸出。盡力築港。今日乃成爲一般貨物重要之貿易港。以上所述丹絨不里唷、蘇拉末亞、勿拉灣、望嘉錫、把東諸港外。加入三寶壟、芝拉札Tjilatjop二港。共成七港。卽所稱爲東印度一等港者。而二等港則爲爪哇之井里汶、滿由灣擬Banjoewangi婆羅洲之曼惹馬辰、坤甸、蘇門搭臘之蒙古犇、巴南夢、西里伯之文那羅、安汶等。尚有其他多數之三等港。總計超過四百五十云。

上述港灣如斯之多數。荷蘭東印度之國際貿易。其地位可想而知。最近四五十年間。輸出入貿易統計。始終居於輸出超過。卽一八七五年迄一九〇〇年。常有三千六百萬盾、乃至五千萬盾之輸出超過。其後更激增。一九〇八年前後。一億三千萬盾。一九一三年增至一億九千萬盾。一九一七年一躍而增至二億九千萬盾之輸出超過。至一九一九年乃至十四億盾之可驚的輸出超過。爲歷來未有之最高額。是卽荷蘭東印度之富。且在國際經濟上。占有力之地位之所由來。東印度輸入貿易。一八七五年以來。年年增加。迄一九一三年以後。更異常膨漲。然輸出貿易則更隨之而激增。輸出入貿易合計總額。一八七五年三億二百萬盾。一八九五年三億八千萬盾。一九〇五年乃增至四億八千萬盾。一九一三年後一躍而進於十一億盾。一九一九年逐達二十八億八千六百萬盾。前述輸出貿易之增加。乃印度物產。喚起世界之需要。其生產額之增進。自無待言輸入貿易之膨漲則全屬土產品輸出旺盛之結果土人購買力宏富銷費浩繁二者蓋互相因果者也。

東印度由强制勞動而改爲自由勞動由强制栽培而改爲私人栽培。其間產業組織之變遷。隨時代而進化。蓋曩時爲政府之殖民地。今則爲東印度國民之殖民地。由是而多數之優秀國民。以科學智識之進步。從事於東印度羣島之土人、地質、植物、動物、等各方面之研究。政府對此等之研究事業。復與以獎勵。設立各種研究機關。就中如一八七三年荷京創設之國立荷蘭地理學協會。Koningklijk Nederlandsch Aardrijkskundig Genootschap 最有勢力。其貢獻於殖民地之開拓者亦大。一八八九年復有幾多之學術團體。聯合努力於東印度之科學的研究合組事務於荷京、及巴達維亞二處。從事於活動。此研究藝術之昂進。爲東印度人文之進化。亦卽其經濟發達之寶鑑明星。

第三十九章　外領各島之統一

東印度羣島。荷蘭統治之勢力圈內以爪哇爲中心。而蘇門搭臘、婆羅洲、西里伯。及其他伊棱蕣特。Jusulinde（猶言羣島）相繼擴張。十九世紀後半葉。列國殖民地開拓熱之增高。殖民地經濟狀況。異常發達。荷蘭對於外領統一之事業之經營。蓋得有二種緊要之教訓。(一)殖民地之蘊畜富源。免受列强野心家巨掌之伸入。(二)無盡之富力。庶幾可以盡量發揮。

總督蘭士末爾氏 Mr. J. W. Lansberge (由一八七五年至一八八一年) 適值亞齊戰爭勃發之時。政府正注意於蘇門搭臘一隅。其他外領諸島。幾於不遑顧及。依舊放棄於圈外。總督蘭士末爾氏。關於外領政策之提議。其理由一方因亞齊戰爭之繼續。政府國庫支出浩繁。無他顧之餘力。他方因當時荷蘭國會之下院議員。對於外領勢力之擴張。皆持反對論。其後繼任總督惹咯氏 F. s. Jacob (由一八八一年至一八八四年) 及番・里士氏 O. Van Reess (一八八四年至一八八八年) 之時代。僅於外領一二之地域。派往示威的遠征隊。而此遠征隊之宗旨。爲防第三國勢力之侵入。及鎭壓土人反抗荷蘭主權之運動。而未及於政治改善之問題。旣然政府持此放任的政策。土人之橫暴。海賊之跳梁。奴隸買賣之惡習。未能及早滅絶。結果到處荷蘭駐在之官吏。備受土人凌辱。因此之故。政府鑒於四圍情勢。乃努力於外領統一之事業。吾人試就外領各地域。次第征定之經過情形而述之。

一八七八年。蘇門搭臘之都末湖 Toba meer 之南方。有峇達地方 Bataklanden 發生一宗事件。因爲峇達地方土人。自昔已改奉基督教。自然傾向於政府。事事有忠順之表示。此等土人與擁護回教之巴梯里團之間。宗教上政治上。常生反目。釀成激烈之爭鬪。亞齊國遠程邊境。亦受爭鬪之餘波。而捲入不安之漩渦。絲莽洞 Silindoeng 歸順政府之土民。見此禍之蔓延。幾度請求政府派兵平亂。初時政府以不干土人內政之名。而未有以應。一八七八年。有一回教狂信之人。自稱爲絲·新卡·蠻卡拉惹 Si Singa mangaradja 峇達人視爲神界之主宰。僧侶之王。率一般愚民。以迫脅基督教徒中心地之絲莽洞。政府至此爲保護良民計。乃決定派出軍隊以懲伐之。驅逐其首魁蠻卡拉惹。而遁入內地。此地域乃漸漸平定。而受政府直轄之統治。政府名爲礁班于利洲 Residentie Tapanoeli

一八八四年。政府對於蘇門搭臘東海岸之絲亞國。放棄其不干涉之主義。元來絲亞國王在其領域。無充分之威力。絲亞及其附屬地域。依一八五八年絲亞條約。已歸巴達維亞政府管轄。而此附屬地問題。往往惹起紛議。政府爲掃除此種紛議計。遂於一八八四年。向蘇丹收買其附屬地域日里 Deli 亞沙汗 Asahan 壟葛 Langkat 等。蘇丹從之。而完全入於荷蘭主權之下。蘇門搭臘西海岸門礁夷 Mentawi 島。向來未嘗正式立於荷蘭主權之下。最容易爲第三國所侵害。一八八六年。殖民大臣認此島爲有危險。以樹立荷蘭主權爲急務。最初由政府派遣軍艦數艘。作示威的運動。並派官吏駐紮。暫時無何等問題發生。一九〇五年完全置於政府統治直轄之下。亞齊統一。絲亞地方平定。蘇門搭臘全土。大部份風靡於政府。惟詹美Djambi地方屢屢費政府之力自一八五八年派遣遠征隊失敗以來。詹美地方尚陷於混沌之狀態。已退位之蘇丹仍掌握政權。事實上爲兩頭政治。暗鬬紛爭連續不斷。土人等且侵入於接境之巴南夢。故政府於一八九九年決行干涉。用種種交涉方法無效。乃向蘇丹及土人宣戰。由一九〇一年至一九〇四年。乃漸平定。一八〇七年。蘇丹及其部下土酋等爲政府所捕殺。一九〇六年。政府派遣知事官駐紮其地。實行其統治。十年後一九一七年。詹美土人。以政府租稅過重爲理由。突然發生暴動。又煩政府兵力之鎭壓。政府由是乃逐漸減輕土人之擔負。

次如峇厘及龍目統一事業之經過。一八四九年、一度之峇厘遠征隊失敗後。政府以糾葛問題尙多。決定行第二度之征定。適龍目島之沙薩種人等。於一八九一年不堪峇厘人王侯等之壓制。起而揭舉叛旗。爭鬬慘虐。綿亘數年。王侯等爲保全自己地位。益利用其權力以施暴虐之壓制。巴達維亞政府爲保護土民起見。擬卽代平內亂。適龍目舊土王。拒絕總督威克爵士 Jonk heer Van der Wijck 所贈之親翰。明明表示其反政府之態度。乃決定以武力懲膺之。一八九四年。佛德爾 Vetter 番酣 Van Ham 兩將軍。率陸軍二千四百名。討伐龍目。土人聞政府軍之入島。驚愕失色。大有自進投降之氣勢。旋又變計抵抗。密布軍陣以觀望形勢。八月十五日。政府軍乘夜分隊進入渣蘭卡拉 Tjakranegara 及馬礁攬 Mataram 兩土王國之中心地。張營野宿。敵軍猛烈襲擊。政府軍多數死傷。乃退駐本陣。此激戰中。番酣將軍不幸受傷而斃。政府憤此激戰之不利。乃派充分之後援隊。由佛德爾指揮進兵馬礁攬。一舉而陷之。渣蘭卡拉之堅固要塞。亦相繼奪佔。敵軍根據地既失。勢力墜落。因此而引起土人之反感。迫令土王退位。一方承認政府代土王而行全島之統治。迄今無何等問題發生。僅有三十五之陸軍駐留。得以永久維持和平。峇厘全島征定之事業完成。政府直轄治理。彼最有名之蠻風。燒殺寡婦奴隸買賣之惡習乃絕跡。

龍目土王

亞齊統一之有功者。卽番核士將軍 J. B. Van Heutsz 棄因循之手段。用强壓的兵略。乃收其成功。一八九三年迄一八九九年。總督威克氏及一八九九年迄一九〇四年總督羅士夢氏。Rooseboom 又當時殖民大臣卡廉靡爾 J. T. Cremer 等。皆主張外領諸域。須採用番核士將軍之積極的方針。

婆羅洲之平定。亦有數回之用兵。一八六三年。曼惹馬辰戰亂後。婆羅洲南東部一帶。尚見平靜。政府軍窮追蘇丹殘黨。遁入內地深山。政府以此等僻隅賊徒。不能釀成何等之危害。乃放置之。一八九九年。干丹岸 Kendangan 地方有一度暴動勃發。其亂事範圍漸次侵及政府邊境。政府乃決定派出遠征隊討伐之。一九〇五年。以中尉企里士都佛爾 Christoffel 之奮戰。結果遂捕獲暴徒首領。而殺其僭稱蘇丹者。暴動乃告鎮定。婆羅洲中央地方。向稱平穩。與外部接觸之機會極少。馬哈淦河 Mahakam rivier 之上流地域。稱爲磨芬馬哈淦者。 Boven mahakam 設置一小洲。政府派遣官吏一人駐劄。

一八九八年以後。西里伯士政治上經濟之變化。爲外領統一中最可記之事。西里伯士全島。荷蘭主權名實之確立。僅在望嘉錫及其周圍地域。文那羅洲之大部份爲限。其以外之所呼爲荷蘭領土者。初時僅有空名而已。莫尼國土王。在一八五九年及一八六〇年。經過政府遠征隊之平定。締結條約後。莫尼國王暗中仍回復其勢力。蓋前項條約。其規定中缺乏明瞭之處甚多。履行時常發生爭議。土王貴族等依舊壓制土民。逞其暴戾之誅求。且土酋等奴隸買賣。獵取首級之蠻習依然盛行。四鄰幾多之小國。懾於強大莫尼國之威望。幾誤認爲莫尼國位於政府之上者。依一八六〇年條約。莫尼國形式上爲政府之封侯國。一八九五年新王卽位。不依照條約。如歷來諸王經過巴達維亞政府封侯事實。且對於自國領內。恣行橫暴。復侵入其鄰地哇弱 Wadjo 及魯宇 Loewoe 等處。更進而窺伺及政府之邊領地方。一九〇五年。政府復派出遠征隊。政府軍到達後。土民等以王侯等之貪橫暴虐。人民久陷塗炭。對於政府軍之飄然而來。皆表示歡迎。不數日間。而哇弱魯宇等處不逞之徒皆被驅逐。莫尼國王侯賊徒。爲政府軍所追擊。而遁入內地。漸漸衰散。一九〇七年初。西里伯士中部及南部。完全征定。惟西部西里伯士歸屬於特那特蘇丹。政治混亂。殆陷於無政府之狀態。賊徒橫行。到處越貨殺人。蘇丹無遏制之能力。一九〇七年。政府以每年給與六千盾之條件。買收蘇丹在此地之權利。至是而西里伯士全島乃告統一。歷來政治上不安之現狀。一掃而除。農產業逐漸發揮。道路四通八達。年年經濟之發展。令人驚嘆。

安汶尼亞州內之西纜島 Ceram 位於安汶之北。向爲野蠻島。其奧地內部。亘百年間。內亂繼續。人間喜爲首級之獵取。懸掛人頭愈多者。愈得勇武之榮譽。外人無敢深入其地者。一九〇三年。政府決計西纜島之平定。派出遠征隊跋涉於島內。全部土民等漸次歸順。解除武裝。秩序稍稍安定。一九〇九年以後。全島馴服於政府治下。敷設多數之道路。派遣荷蘭官吏駐劄。政府權力完全樹立。

特那特及底多禮之土王等。同時對於政府提出之簡易宣言署名。承認荷蘭之宗主權。凡重要地域。政府悉派官吏駐劄。以司政治的摩爾 Timor 森末 Soemba 佛羅里士 Flores 及森末哇 Soembawa 等島亦相繼而署名於簡易宣言。歸順於政府。派出多數之官吏駐劄各處。

依上所述。荷蘭政府拋棄其外領放任之政策。而採用統一之良好計畫。其原因之一。防遏第三國之侵入。政府達此目的後。獲得領土。即先樹立荷蘭主權。漸次而舉行其治政之實。而其主權樹立之方法。先與土人王侯等締結政府的契約。王侯等尚保有自治之權限。得於政府駐在官吏監督忠告之下。自由行動。然政府對於王侯等。有協定事項之約束。以握其統治實權。此等統治的契約。其規定詳密。土王侯徐徐失其勢力。此點乃政府鑑於亞齊征定所用簡易宣言之效果。依一九一六年調查。蘭領東印度全體約三百五十土王國中。有三百三十國。由簡易宣言而確立荷蘭主權。此簡易宣言。原爲具體的政治契約。一名長文規約。 Lange Contracten

今日蘭領東印度羣島行政上區域之組織及各區域所佔領土之面積依一九二〇年年鑑所載。

爪哇及馬渡拉	一三一　五〇八	平方基羅米突
蘇門搭臘及其附屬小島	四二〇　三八四	平方基羅米突
蘭領婆羅洲	五五三　三四一	平方基羅米突
西里伯及其附屬羣島	一八五　九一四	平方基羅米突
蘭領紐幾內亞	三九七　二〇四	平方基羅米突

此外尚有不隸屬於上列之小島如摩鹿哥、小巽他諸島。總計蘭領東印度全面積共有二〇〇〇、〇〇〇平方啓羅米突約當歐羅巴半部。(歐俄除外)東西距離五、〇〇〇啓羅米突。南北二、〇〇〇啓羅米突。輪船由沙曼海口(蘇門搭臘)航行至紐幾尼亞共有三、〇〇〇海里。比較由英國至美國之航行爲程更遠。

第四十章　現在之蘭領東印度

有名之美國旅行家勿爾淵特博士 Dr. H. C. Bryant 讚美此地爲最美之仙境。爪哇樂園國爲其中心。蘭領東印度。其廣袤約二百萬平方基羅米突。大小無數之島嶼。爲赤道帶下如鏤之寶石。十九世紀後半葉以來。東印度脫出三百年之舊政策。而開拓新面目。由殖民國政府之殖民地。一變爲殖民地人民之殖民地。此項殖民地根本政策之變化。其努力先驅之有功者。首在摩爾礁吐里氏 Multatuli 所著之 Mas Havelaar 一書。此書以一八六〇年出版。爲當時印度政策之一大警鐘。(參照第三十三章)摩爾礁吐里氏。爲滔衞士・德力吉爾氏 Eduard Douwes Dekker 之托名。氏生於菴士特登姆。少從商業。一八三九年隨其父來東印度。變志就宦。歷任各地書記官、檢察官、副知事等職。一八五六年辭職。翌年歸荷蘭。振筆著書。由此而東印度殖民地之現狀暴露。其後復著成殖民地問題、乃至關於殖民地政策等書。約九種。遂爲荷蘭殖民政策之一轉機。自 Mas havelaar 一書出世後。自由主義之東印度殖民政策。侃侃而談。以訴諸輿論。轟動流傳。遂爲政府當局所採。其次則爲夫威爾氏博士。Baron van Hoevell (參照第三十三章) 氏爲神學博士。一八三八年來巴達維亞爲宣教師。先著有東印度雜誌。對於東印度之研究。益有進步。漸次提倡自由道義之主張。依博士之銳眼。認爲荷蘭之殖民政策。有幾多之缺點。其後歸國。在新聞雜誌。摘發印度政策之謬誤。有多數之論說發表。名譽日高。一八六二年。被舉爲國會議員。一方於院內席上。討論印度問題。以促政府之醒悟。他方於院外發刊雜誌。喚起國民輿論之注意。時恰殖民政策有轉機之時運。夫威爾博士之奮鬬漸次奏效。從來獨裁之殖民政策漸漸匿跡。自由主義獲占勝利。乃以造成殖民地之光明。與殖民國之榮譽。

文明爲智識社會的結晶。教育乃知識之使者所有之使命。蘭領東印度。大多數土人造出之社會本屬野蠻。衞生思想全然缺乏。土人等一度傳染病發生。即有數千數萬人之犧牲。無防遏治療之智識。彼等對於凶暴之病疫全委之宿命。而以白人之醫藥視爲一種魔術。然土人此等不健康之狀態。其人口尚得年年增加。爪哇及馬渡拉一七四五年人口約九百萬人。經六十年後一八〇五年。大約達三千萬人。一九一二年。乃增至三千五百萬人。大部份以農業爲生活。多原始的農作法。雖地土如何豐饒。然其生活上常常陷於困難。爲求東印度土人社會之福祉。當然以精神的啓發健康的救濟爲急務。

政府當局從來雖爲土人精神的啓發計。然學校教育設備尚未充分。統治章程土人教育必要之規定。迄未實現。僅一八四八年羅玖申總督時代。政府僅有二萬五千盾土人教育費之支出。一八五四年。乃更進一步統治章程第百二十五條。『總督應注意於教育問題及宗教政策之明文』第百二十八條。『土民教育、其學校機關之設立、爲總督重要之職責』之規定。土人教育之進行。當然由養成土人教師始。一八五一年。蘇拉卡爾礁首設教師養成所。一八六六年復設第二養成所於萬隆城。外領養成所亦相繼設立。一八六七年。政府特設文學部。如斯土人教育之設施着着擴張。然以與歐洲人教育比較。則相差尙遠。一九〇〇年間。八萬之歐洲人教育費比較近四千萬盾。土人之教育費約增二倍。但對此多大人口教育費之擔負。當時政府亦煞費苦心。爪哇及馬渡拉人口三千萬人之中。就學年齡須有十五歲之小學教育設施。預計須有五千六百萬盾之教育費。此問題爲政府對土人教育莫大之擔負。旋以政府努力籌備之效果。一九一七年。歐洲人與非歐洲人教育費之支出。地位倒置。後者已較前者倍加。成爲長足之發達。至此機運之齎來。其原因實由於里芬德爾氏 Mr. Conrad van Deventer 之活動。氏於一八七九年卒業於萊登大學。一八八〇年來東印度。初任司法官。後在三寶壟爲辯護士。一八九七年歸荷蘭。以其十七年在東印度之所得。於一八九九年在 De Gids 雜誌發表「彝倫之義務」"Een Eereschuld" 一大論文。高唱荷蘭殖民政策之根本的改革。其立論洵爲二十世紀印度政策程途之指示。氏復於一九〇四年。受殖民大臣之委托硏究。提出『爪哇及馬渡拉土人民之經濟狀態概要』"Overzicht van den Oeconomischen Toestand der Inlandsche Bevolking van Java en Madoera"報告書。世人對於印度問題。得有正當之理解。茲所謂倫理的殖民政策。乃成重要之政綱。教育機關。由茲着着發達。

一八六五年。爪哇及馬渡拉土人初等教育小學校。總數五十八校。一九一〇年乃增至六百十三校。此外尚有土人學塾。授以讀書計算農業等之初步智識。一九一〇年千百六十所。一九一六年激增至四千六百所。同年小學校千三十三校。此等皆受有政府相當之補助。土人貴族子弟。及優秀土人子弟。更進而得進白人小學校。與以歐洲人兒童共學之權。依一九一六年所調查。約有四千八百人之土人。入學於白人小學校。尚有東印度在留之歐洲人。及同等於歐洲人者之中等教育。爪哇設立高等市民學校 Hoogere Burger School 四個。以五年爲卒業期。入學土人一九一六年有七十七名。內有四名最終試驗時舉得良好之成績。現今此等在學者約有百名。土人高等小學校 M. U. L. O.爲政府設立者。一九一六年有十四校。收容學徒四百名。上述一般普通教育之外。尚有特種實業學校。巴達維亞及蘇拉末亞之工業學校。一九一六年有二百四名之土人在學。同年在威德扶里敦之醫師養成所。有百七十四名之土人學額。尚有來自文那羅之土婦人二名。蘇拉末亞之蘭領印度醫學校。有二十九名之土人。十六名之白人。與十四名之中國人。又靡珍棱諾之蘭領印度獸醫學校。有二十八名之土人生徒。此等之外。依一九一六年之統計。七個之土人官吏養成所。共有九百三十一名。一個之法律家養成所。共五十二人。尚有教員養成所、及師範學校。共有千六百七十名。

內有婦人四十六名。右之教育養成所、師範學校之外。尚有教會私設之土人教員養成所十九所。此教育機關之發達。皆東印度土人社會向上之福音。爪哇擁有三千餘萬之大小人口。如斯教育之設備。仍未可稱爲滿足。依一九一六年所調查。爪哇千人之成年者中。其入學者僅有十五名。教育機關。尙有努力擴張之必要。然政府財政上殊感困難。一九〇七年。番核士 Van Heutoz 總督爲減輕中央擔負地方教育費。一部由地方團體擔任。外領教育。政府雖未充分設備。然就學兒童之比例。實不少於爪哇。外領土人。常要求政府設立多數之學校。就中以蘇門搭臘土人爲最熱心。

土人衛生。常陷於不健康之狀態。旣如上述。一八七五年、一八八二年、及一八九六年。此三年間。虎列拉病流行。時有數千數萬人之犧牲。加之風土病、馬拉里亞、(瘧疾)熱病、脚氣病、及其他之熱病等。侵入於土人社會。年年增其不幸。其原因一方由於土人之無智識。他方由於土人從順的性格。宿命之宗教思想。對此兇惡病疫之蔓延猖獗。出以傍觀態度。而無衛生思想之普及。豫防之設備。治療機關之設立。近來以政府種種努力之故。一般土人之衞生狀態。已有進步。流行性病疫之豫防。治療機關之擴張。有同隔世之感。哇斯病之減少。最爲顯著。虎列拉、腸炎等病。亦以飲料水之淸潔而防遏。尙有馬拉里亞病。亦以基那粉之供給。而得除其危險。又其他灌漑疏水之改善。沼澤地之塡埋。病蚊之發生地掩覆。皆以完成間接之豫防策。最初土人等視豫防病疫之注射。大爲厭忌。其效果之顯著。土人等始知其偉力之充分。政府於巴達維亞、蘇拉末亞。設立醫學校兩所。收容土人。以養成白人醫師之助手。又年年養成多數之土人婦女以充看護婦。又於威德扶里敦。設立種痘、狂犬病研究所。Lands Koepok-inzichting en Instituut Pasteur

東印度就中爪哇土人之生計。以農業漁業爲主要。農業中以米作爲糧食供給之主要。大部份米作成績之良否。以灌漑之良否以爲判。川河溜水地供水之方法。疏水通路之開鑿。最費經營。特峇厘島對於水之供給。設一合組。名爲蘇末 Soebaks 依會員組織。設共同之灌漑工事。以供水於會員所有之田地。頗有成績。然會員以外。則多缺水之患。政府改良農業之第一步。卽注意於全般水利事業。經多大之困難。乃得達其目的。一八九一年。爪哇全體灌漑工事之計畫成立。其內有一二最難之工程。如梭羅河工程。初約投以千七百萬盾之工費。中途屢經停頓。迨工事完成。費用達五千萬盾。以水利之便。獲得耕作地五千萬畝。每畝約七千平方米突。政府對土人農業。授以科學上之農事學識。乃有農業栽培學校之設置。農事試驗場之設置。農作物蟲病之防遏。巡回農業教師之設立。土人等生計稚弱。其唯一生業之農事耕作。

常苦缺乏資金。政府乃於一九〇〇年、組織庶民信用合組。Volkscredietwezen 於政府監督之下。與以多數金融之援助。此等村落內土人大抵以十盾以下之小金額。得爲信用之貸付。海岸地方並小島在留之土人。多以漁業爲生計。政府對此漁業。與以直接間接之保護。或奬勵從事於漁業之研究。巴達維亞設立水產講習所。與以土人漁業者必要之指導。魚類貯藏必要上之鹽。實行廉價供給。以資補助。又設立漁業銀行。漁業者、魚類商人、養魚業者。得受小金額之貸出。

爪哇及馬渡拉人口之稠密。著名於世界。與蘭領東印度之平均。成一反比例。一九〇五年調查。爪哇及馬渡拉二千九百七十一萬五千九百人。外領七百三十萬四千五百五十二人。其面積前者十三萬千五百平方基羅米突。後者百七十八萬三千八百平方基羅米突。其密度。爪哇馬渡拉。一平方基羅米突二百二十六人之居住。而外領一平方基羅米突。僅有四人。既然人口過剩之爪哇馬渡拉人口。尚有年年增加之傾向。生活上大受影響。而外領不論人口有無多少之增加。然尚多無人之地之殘存。依一九一七年十二月人口調查之統計。蘭領東印度總人口四千七百二十萬餘人。其內爪哇及馬渡拉三千四百十五萬人。外領千三百四萬人。其密度。一平方基羅米突有二百五十九人、與九人半之差別。是爲人口過剩之爪哇馬渡拉社會之安居計當然有調節人口之必要。政府乃注意於內領外領移民之政策。最近外領諸地中。如蘇門搭臘之產業勃興。尤有容納多數勞力之需要。政府年年以大批爪哇土人移送於蘇門搭臘。東印度居留之外國人。有歐洲人及同等於歐洲人者。及東方客民之分別。此項人等近年人數大增。一九一七年統計。歐洲人十三萬八千餘人。東方客民八十三萬二千餘人。

東印度最近之法政上重大之變化。有地方分權 Decentralisatie 樹立國民參議會 Volks-raad、之開設。一八五四年統治章程制定以來。其政治完全操於巴達維亞中央政府之手。前世紀末以後。東印度經濟上之急激發展。各地方自身之重要。着着增加。其政治僅有少數官吏。到底未能充分。一九〇三年頒布地方分權之法令。此地方分權法 Decentralisatie Wet 之制定。卽由統治章程第六十八條。加入新條文。准許各地方自治團體之組織。此自治行政之所由開始施行。一九〇四年地方分權令 Decentralisatie Beolnit 公布。爪哇各洲。除蘇拉卡爾礁、日惹卡爾礁。二土王國外。皆設州評議會 Gewestelijke Raad 一九一六年爲數共有十五。復設市政會議。Gemeente Raad 一九一六年爲數十八。蘇門搭臘島。設有栽培評議會。Cultuur Raad 一稱地方評議會。Locale Raad 前項市政議會之委員由其市民中選出爲市民之代表者。以司市政。現在有充分發揮之機能。初時經費。多數以發行公債票充之。土人教育之進步。一般教養之發達。依世界政治潮流。殖民地人民。滿望在此自己土地。獲得參政權之機會。和蘭國會。既得選送殖民地代表者。以擁護東印度殖民地之正當利益。乃更進而希望印度自身議會之組織。一九一六年十二月十六日。公布國民參議會 Volksraad 法令。一九一八年。此國民參議會實行開設。國民參議會由四十九人之議員構成。議長由荷蘭國王任命。中有二十四人由印度參議會推薦。而經總督之任命。他之二十四人。由地方評議會之委員中選舉而任命。議員至少須有四分之一之土人。選舉議員至少須有半數土人之限度。所以保護土人之位置。國民參議會。依法律所賦之權限。(一)東印度豫算並會計之決定。(二)依豫算及會計所生之餘剩之處分。或不足之補充。(三)蘭領東印度之負擔公債。契約之締結。及關於領內公債之保證。財政部證券之發行。及政府所有物產之抵當。(四)東印度住在人。軍事的擔負所生法令之制定。(五)依荷蘭國王之名。一般法令之變更。法規之制定等。對於總督諮詢時。負有答覆之義務。此等以外。凡關於東印度重要事項。就其問題之範圍與性質。總督應向國民參議會諮問國民參議會。每年有二回之通常議會。遇必要時。得召集特別會議。此國民會議會之開設。基於殖民大臣巴禮特氏 Pleyte 之提案。爲東印度達於自主自立之過渡時代。今日荷蘭已有改正荷蘭國法之議起。從之而蘭領東印度之統治法令。亦將漸次變更。而與人民以參政權。

蘭領東印度史大事年表

第一世紀初代	印度人渡來東印度
四一四年	中國人法顯氏來爪哇
一二〇〇年	摩約派國全盛時代
一二九二年	馬哥波羅氏經過蘇門搭臘
一三〇〇年	回教擴張於羣島
一四一九年	最初回教徒馬里・伊勿拉歆死
一四三三年	西爪哇印度王國巴惹惹攬與
一四九八年	葡萄牙人馬士哥特甘馬氏來外印度
一五一一年	葡萄牙人征服馬拉甲
一五二五年	摩約派國沒落
一五六八年	爪哇中部馬礁攬國與
一五七五年—一六〇〇年	馬礁攬國王蘇多・威約之時代
一五八五年	西班牙王菲立二世捕沒和蘭商船

一五九四年	和蘭遠國公司成立
一五九六年	和蘭人北冰洋遠航之探險失敗
一五九六年	和蘭商船隊最初到着於曼丹
一五九八年	和蘭人番尼氏第二次遠征隊出發
一六〇二年	和蘭聯合東印度公司成立
一六〇九年	曼礁島入於東印度公司之手
一六〇九年	和蘭第一次總督彼得穆氏赴任
一六一五年	惹玖士·禮·馬里氏設立東方公司之失敗
一六一九年	彼得君氏總督
一六一九年	巴達維亞市之建設
一六一九年	和蘭英國兩印度公司之協定
一六二三年	彼得卡賓德氏總督
一六二三年	安汶虐殺英國人事件
一六二七年	彼得君氏再任總督

一六二八年	曼丹人奪取巴達維亞
一六二九年	和蘭人奪回巴達維亞
一六二九年	彼得君氏總督死
一六三六年	番・里曼氏總督
一六四一年	和蘭奪取馬拉甲
一六四五年	曼丹協商成
一六四六年	曼丹締結條約
一六五〇年	東印度公司統治法成
一六五二年	建設好望角殖民地
一六五七年	驅逐葡萄牙人出錫蘭島
一六六一年	東印度公司失去台灣商館
一六六七年	安汶條約成
一六七四年	礁魯那約之最初謀叛
一六七七年	什彼里曼將軍與馬礁攬國王締結條約

一六八一年　什彼里曼總督
一六八四年　曼丹條約改訂
一六八四年　任命番・靡里企特氏爲檢查委員
一六八四年　約翰甘彪士氏總督
一七〇四年　第一次爪哇王位承繼戰爭
一七〇六年　蘇拉巴底死
一七一九年　第二次爪哇王位承繼戰爭
一七二一年　彼得・伊爾麥菲爾氏叛逆事件
一七四〇年　巴達維亞中國人暴動
一七四一年　中國人及爪哇人之合謀變亂
一七四六年　番茵福氏總督巡行爪哇
一七四七年　馬礁攬國王曼古・巫靡謀叛
一七四九年　巴古・巫呵那二世死及第三次王位承繼戰爭
一七五〇年　摩洒爾氏總督

一七五〇年	曼丹大叛謀起
一七五二年	曼丹爲東印度公司封侯地
一七五五年	馬礁攬國分割爲二
一七五七年	棱拉帝卡之條約
一七八〇年	第四次蘭英戰爭
一七八三年	柔佛國之騷擾
一七八八年	蘇拉卡爾礁及日惹卡爾礁之反和蘭運動
一七九五年	和蘭革命
一七九六年	東印度高等委員之任命
一七九六年	番・呵佛士礁拉登氏總督
一七九九年—十二月三十一日	東印度公司解散
一八〇二年	亞敏條約成
一八〇四年	亞細亞殖民地特許律令成
一八〇六年	巴達維亞共和國倒

一八〇六年	井里汶之騷擾
一八〇六年	好望角殖民地歸於英國
一八〇八年	維廉・丹德爾士氏總督
一八一一年	敦丹投降條約
一八一一年	萊佛士氏副總督
一八一三年	馬礁攬王國滅亡
一八一三年	封巴古・亞攬爲侯
一八一三年	施行土地收稅制度
一八一四年	倫敦殖民地返還之協約成
一八一五年	任命實行委員
一八一六年	軒塔爾氏副總督
一八一六年	東印度復歸和蘭
一八一七年	摩鹿哥島謀叛
一八一八年	改正統治章程

一八一八年　巴南夢之陰謀
一八一九年　實行委員解任
一八二一年　婆羅洲中國人之騷擾
一八二一年　巴梯里戰爭
一八二四年　和蘭商業公司之設立（今之小公銀行）
一八二四年　倫敦協約之修正
一八二五年　帝波・尼果羅謀叛
一八二五年　討伐莫尼國
一八二八年　設立爪哇銀行
一八三〇年　爪哇戰征終了
一八三〇年　實行强制栽培制度
一八四六年　遠征峇厘島
一八四八年　和蘭憲法改正
一八五〇年　丹馬井里汶等地方發生大飢饉

一八五二年　基那樹栽培之移入
一八五四年　制定貨幣法及統治章程之改正
一八五四年　西婆羅洲中國人暴動
一八五六年　安汶地方平穩
一八五九年　曼惹馬辰騷擾
一八六〇年　廢除奴隸制度
一八六四年　會計法成
一八六八年　巴南夢地方平定
一八七〇年　砂糖法土地法成
一八七〇年　東印度最初開築鐵路
一八七二年　廢止差別的海關稅
一八七二年　蘇門搭臘協約成
一八七三年　亞齊戰爭開始
一八七八年　峇達地方不安

一八八四年　中央集權之統治政策
一八八四年　絲亞及其附屬地歸和蘭
一八九四年　遠征龍目島
一八九八年　採用積極的外領統治策
一九〇〇年　開設土人信用組合
一九〇三年　頒布地方分權制
一九〇四年　蘇門搭臘全島平定
一九〇五年　東南婆羅洲歸屬和蘭
一九〇五年　西里伯全島平定
一九一五年　咖啡强制栽培制度廢止
一九一六年　設市政會議
一九一八年　國民參議會開幕

	總督 (Gouverneur Generaal)	年代
41	Mr. G. A. G. Ph. Baron van der Capellen	1819–1826
42	H. M. de Kock (Luit. Gouv.)	1826–1830
43	J. Graaf van den Bosch	1830–1833
44	J. C. Band	1833–1836
45	D. J. de Eerens	1836–1840
46	C. S. W. Graaf van Hogendorp	1840–1841
47	Mr. P. Merkus	1841–1844
48	Jonkheer J. C. Reijnst	1844–1845
49	J. J. Rochussen	1845–1851
50	Mr. A. J. Duijmaer van Twist	1851–1856
51	C. F. Pahud	1856–1861
52	Mr. L. A. J. W. Baron lloet van de Beele	1861–1866
53	Mr. P. Mijer	1866–1872
54	Mr. J. Loudon	1872–1875
55	Mr. J. W. van Lansberge	1875–1881
56	F. s Jacob	1881–1884
57	O. van Rees	1884–1888
58	Mr. C. H. Pijnacker Hordijk	1888–1893
59	Jonkeer C. H. A. van der Wijek	1893–1899
60	W. Rooseboom	1899–1904
61	J. B. van Heutsz	1904–1909
62	A. F. W. Idcnburg	1909–1916
63	Mr. J. P. Graaf van Limburgstirum	1916–1921
64	Mr. D. Fock	1921

	實行委員 (Commissarissen-Generaal)	
1	Hendrik Adriaan van Rheede, Heer van Mijdrecht	1684–1692
2	Mr. S. C. Nederburgh	1791–1799
3	S. H. Frijkenius	1791–1799
4	Mr. Willem Arnold Alting	1791–1799
5	H. van Stockum	1791–1793
6	Johannes Siberg	1793–1799
7	C. H. van Grasveld	1805–
8	Mr. C. Th. Elout	1805, 1816–1819
9	A. A. Buyskes	1816–1819
10	Mr. G. A. G. ph. Baron van der Capellen	1816–1819
11	L. P. J. Burggraaf dn Bus de Gisignies	1826–1830
12	Johannes, Graaf van den Bosch	1833–1834

蘭領東印度歷代總督及實行委員名表

	總督 (Gouverneur Generaal)	年代
1	Pieter Both	1610–1614
2	Gerard Reynst	1614, 1615
3	Laurens Reaal	1615–1619
4	Jan Pieterzoon Coen	1619–1623
5	Pieter de Carpcntier	1623–1627
6	Jan Pieterszoon Coen (2de)	1627–1629
7	Jacques Specx	1629–1632
8	Hendrik Brouwer	1632–1636
9	Antonie van Diemen	1636–1645
10	Cornelis v. d. Lijn	1645–1650
11	Karel Reiniersz	1650–1653
12	Mr. Joan Maetsuijcker	1653–1678
13	Rijklof van Goens	1678–1681
14	Corne is Speelman	1681–1684
15	Johannes Camphuys	1684–1691
16	Willem van Outhoorn	1691–1704
17	Joan van Hoorn	1704–1709
18	Abrdham van Rieb-ceck	1709–1713
19	Christoffel van Swol	1713–1718
20	Hendrik Zwaarde-croon	1718–1725
21	Matt eus de Haan	1725–1729
22	Mr. Diederik Durven	1729–1732
23	Dirk van Cloon	1732–1735
24	Abraham Patras	1735–1737
25	A riaan Valekenier	1737–1741
26	Johannes Thedens	1741–1743
27	Gustaaf Willem Baron van Imhoff	1743–1750
28	Jacob Mossel	1750–1761
29	Petrus Albertus van der Parra	1761–1775
30	Jeremias van Riems-dijk	1775–1777
31	Reinier de Mlerk	1777–1780
32	Mr. Willem Aruold Alting	1780–1796
33	Mr. Pieter Gerardus van Overstraten	1796–1801
34	Johannes Siberg	1801–1804
35	Albertus Hearicus Wiese	1804–1811
36	Mr. Herman Willem Diendels	1811
37	Jan Willem Janssens	1811
38	Lord Mtnto	1811–1816
39	Taomas Stamford Raf-fes (Luit. Go.)	1816
40	John Fendall (Luit. Gouv.)	1819–1826

(4)

頁	行	誤	正
124	4	Roman Catkolics	Roomsch Katholieken
125	3	Conrant	Courant
126	5	Pug	Puij
131	4	General	Generaal
132	8	Gumel	Jumel
132	11	General	Generaal
132	12	Gillispie	Gillespie
133	10	Toentans	Toentang
136	5	Advise Renden	Adviseerende
136	6	Baad	Raad
138	7	Tolpoosten	Tolposten
139	1	Aroepalakk	Aroe Palakka
139	5	Landreatestelsel	Landrente-stelsel
139	6	Government Landen	Gouvernementslanden
141	1	Reeht Banken	Rechtbanken van
141	5	Jurg	Jury
142	11	Van	van
142	11	Wetaansohappen	Wetenschappen
145	7	Johofendall	John Fendall
145	3	Van Ondervijs	van Onderwijs,
145	3	Kolonien	Koloniën
145	5	General	Generaal
148	2	Beukoelen	Benkoelen
148	12	Regeerings = Reglement	Regeerings-Reglement
149	3	Hoog	Hoog-
149	4	Gerechts hof	gerechts-hof
150	1	Hoofdelijken	Hoofdelijke
150	4	Ambdelijk Land-	Ambtelijke land-
155	2	Handelmaats chappij	Handel-maatschappij
155	14	Bu De Gisigicns	Bus de Ghisignies
158	1	General	Generaal
163	8	Van Bosch	Van den Bosch
165	9	Cultuur Stelsel	Cultuur-Stelsel
168	2	Cultuur Procenten	Cultuur-procenten
170	1	Cereschul	Eereschuld
170	6	Consignatie	Consignatie-
171	2	Wan	Van
171	2	Regnst	Reynst
171	13	Buiten Bezitingen	Buiten-bezittingen
175	2	General De	Generaal de
176	14	General	Generaal

頁	行	誤	正
67	4	Taroenadjaja	Troenodjoja
69	12	indramajoe	Indramajoe
72	1	Hurat	Hurdt
76	9	Comphuijo	Camphuys
76	12	Rumphuis	Rumphius
76	13	Amboinoche Rariteis Kamer	Amboinsche Rariteits-Kamer
76	14	Amboinoche Kruijtboek	Amboinsche Kruytbook
77	2	Soeropati	Soerapati
77	6	Tok	Tak
78	7	ihn iskanbar	Hn. Iskanbar
81	14	Masuliptnam	Masulipatnam
82	3	Duqnesne	Duquesne
84	4	Zwaar de Kroon	Zwaardekroon
84	9	Peiter Vuijst	Peter Vuyst
84	11	Verlnijs	Versluijs
85	9	Oliver Cromwell	Cromwell
87	1	Contingent	Contingenten
89	1	Van Riebeck	van Rieek
91	10	drija	Drija
93	12	Swol	Swolt
94	9	Valekenier	Valckenier
97	4	Garandi	Garendi
97	9	Adiniugrat	Adiningrat
98	11	Schinne	Van Schinne
99	1	Yehanes	Johannes
105	4	Djockjakarta	Djocjakarta
106	14	Dĕvide	Divide
109	8	Patriottena	Patriotten
112	11	Van de Oost Indische	van de Oost-Indische
113	6	Companie	Compagnie
114	1	Bhartei Voor	Charter voor
114	1	Bettingen	Bezittingen
114	8	Bonoparte	Bonaparte
114	9	Lodeuijk	Lodeuyk
114	11	Director General	Directeur Generaal
114	12	Willimdaendels	Willem Daendels
116	13	Compenie	Compagnie
119	2	Willim	Willem
121	10	H. Mer-Kus de Koik	Merkus de Kook
122	9	Reken Kamer	Rekenkamer
123	7	Contingent	Contingenten
124	12	Militarie	Militaire
124	14	Protestants	Protestanten

(2)

頁	行	誤	正
26	5	Olden Barneveld	Oldenbarneveldt
26	6	Vereenig Oost indische	Vereenigde Oost-Indische
26	7	[illegible]	
26	8	Staten General	Staten Generaal
26	9	Strait of Maggelan	Straat Magelhaen
27	3	Peinier	Reinier
28	6	Bewind hebbergs	Bewindhebbers
30	13	Issacle maire	Isaäc le Maire
31	2	Lijntgen	Lijntgens
34	12	Governeur General	Gouverneur Generaal
36	6	Mouritius	Mauritius
36	9	Van den Broeke	van den Broecke
36	9	Moca	Mocca
36	11	Pieterzsancoen	Pietersz Coen
37	11	Jacques le Maire	Jacgues le Maize
39	14	Tjiliwoang	Tji Liwoeng
40	10	Van den Broeke	van den Broecke
41	1	Real	Reaal
41	3	Roaiy	Raay
45	6	Poe lo Run	Poeloe Run
46	1	Corpentier	Carpentier
47	14	Poelo Run	Poeloe Run
48	4	Lagendi	Lagoendi
51	12	Antoie	Antonie
51	13	Van	van
53	3	statute	Statuten
53	14	Punts de Gal	Punto de Gale
56	4	Xeverius	Xaverius
56	10	Abal	Abel
56	11	New Zealand	Nieuw-Zeeland
57	1	Vlaming de	Vlaming van
57	2	Ondohon	Oudshoorn
57	12	Jan	Joan
57	13	Maetsuyker	Maetsuycker
58	3	Punts	Punto
58	4	Gal	Gale
58	6	Meka	Mekka
62	9	Rijklo	Rijkloff
63	8	iskander	Iskander
63	9	indorapoera	Indrapoera
65	2	palaka	Palaka
65	5	Boengaja	Bongaja
65	6	Flores	Florss

蘭領東印度史勘誤表

頁	行	誤	正
2	7	Sancrit	Sanscrit
2	8	Djawa dwipa	Djawa-dwipa
2	13	,,	,,
3	5	Brahmanism	Brahmanisme
4	11	Boroboedoer	Boro-Boedoer
5	7	Padjadjaram	Padjadjaran
6	3	Goedjirat	Goedjarat
6	8	Molokko	Molukken
7	11	Padjong	Padjang
9	5	Tjondi	Tjandi
9	12	Marcopolo	Marco Polo
10	9	Byzantine	Byzantium
11	5	diez	Diaz
11	6	Cape of Good Hope	Kaap de Goede Hoop
12	2	Ormoez	Ormoesz
12	3	Francis Codalmeida	Francisco d' Almeida
12	4	Alfosodalbuquerque	Alfonso d' Albuquerque
13	6	Bando	Banda
13	7	Oeliassars	Oeliassers
13	13	Philippijn	Philippijnen
14	12	Madoara	Madoera
15	11	Makasser	Makassar
15	14	Mollucoo	Molukken
16	11	Dorestdad	Dorestad
16	12	Vlandar	Vlaaderen
16	13	Geut	Gent
17	1	Hansa	Hanza
19	11	Willam	Willem
19	14	Companie	Compagnie
20	1	Vère	Vere
21	2	Straatwaigach	Straat Waigatz
21	7	Heens Kerek	Heemskerck
22	5	Dirksy	Dirks
22	6	keijser	Keyser
23	13	Neek	Neck
23	14	Wijbarnd	Wijbrand
24	1	Waerwijek	Waerwyck
24	10	Maurche	Mauritio

中華民國十三年十一月出版

蘭領東印度史 每部定價（國內國幣 元／外洋蘭幣 盾）

編者 詔安鐵崖沈鈞

參譯者 三寶壟陳經三

印刷者 上海商務印書館

發行者 三寶壟華僑編譯社

代售者 中外各大書局